W0056674

Martin Rasper

Das Buch der falschen Zitate

Martin Rasper

Das Buch der falschen Zitate

»No Sports« hat Churchill nie gesagt

Mit einem Vorwort von Goethe

ANACONDA

Die Originalausgabe erschien erstmals 2017 bei Ecowin in Salzburg.
© 2017 Ecowin Verlag bei Benevento Publishing,
eine Marke der Red Bull Media House GmbH, Salzburg und Wien
Lizenzausgabe mit freundlicher Genehmigung

Diese Publikation enthält Links auf Webseiten Dritter,
für deren Inhalt wir keine Haftung übernehmen,
da wir uns diese nicht zu eigen machen, sondern lediglich
auf deren Stand zum Zeitpunkt der Erstveröffentlichung verweisen.

Der Verlag behält sich die Verwertung der urheberrechtlich
geschützten Inhalte dieses Werkes für Zwecke des Text- und
Data-Minings nach § 44 b UrhG ausdrücklich vor.
Jegliche unbefugte Nutzung ist hiermit ausgeschlossen.

Penguin Random House Verlagsgruppe FSC® N001967

Die Deutsche Nationalbibliothek verzeichnet diese Publikation
in der Deutschen Nationalbibliografie; detaillierte bibliografische Daten
sind im Internet unter http://dnb.d-nb.de abrufbar.

© dieser Ausgabe 2024 by Anaconda Verlag,
einem Unternehmen der Penguin Random House Verlagsgruppe GmbH,
Neumarkter Straße 28, 81673 München
Alle Rechte vorbehalten.
Umschlagmotiv: Shutterstock / kolbus viktor
Umschlaggestaltung: Druckfrei. Dagmar Herrmann, Bad Honnef
Druck und Bindung: GGP Media GmbH, Pößneck
Printed in Germany
ISBN 978-3-7306-1398-6

www.anacondaverlag.de

Inhalt

Der Charme des Besserwissens

von Henning Goethe

Martin Rasper ist der charmanteste Besserwisser, den ich kenne. Und ich kenne einige. Was der Mann weiß, geht auf keine Kuhhaut. Und immer will er es genau wissen. Dinge, die ihm unlogisch vorkommen, kann er nicht einfach hinnehmen; was von anderen als gesetzt akzeptiert wird, muss er hinterfragen. Manchen nervt das, er versteht seine Neugier als Kritik. Aber er hat wie wenige Menschen, die ich kenne, die Gabe, in Zusammenhängen zu denken. Gleichzeitig vertieft er sich ins Detail und stellt Fragen, deren Antworten wiederum den Blick auf das große Ganze verändern. Wenn er beispielsweise in der Zeitung liest, dass in Indien ein Zug den Berg runtergestürzt ist oder dass die Chinesen ein österreichisches Dorf nachbauen oder dass ein Einsiedler im Harz monatelang im Wald gelebt hat oder dass eine Raumsonde auf einem Jupitermond gelandet ist – dann schaut er nach. Wo das liegt, was da genau passiert ist, wie das überhaupt sein kann, oder was weiß ich. Warum? Weil es ihn *interessiert*. Und weil er immer irgendwas, was damit zusammenhängt, schon weiß und nun die Dinge zueinander in Beziehung setzt.

Und wenn er etwas *wirklich* wissen will, so wie für dieses Buch, dann schaut er nicht nur im Internet nach oder in einem der Bücher, mit denen sein Arbeitszimmer vollgestopft ist (»wichtige Sachen stehen oft nicht im Internet«), sondern er schreibt irgendwelche Koryphäen an, die irgendwo in der Welt sitzen. Und bekommt erstaunlich oft Antwort.

Gelegentlich aber ist sogar dieser Mensch in der Lage, Dinge einfach mal sein zu lassen. Da hält er sich zurück und verzichtet darauf, alles bis ins Kleinste ausklamüsern zu müssen. Und so ist er mir eigentlich am liebsten.

Als Träger eines prominenten Namens habe ich einen speziellen Bezug zu Geschichte und Gegenwart, zu Dichtung und Wahrheit. Oft kommt am Rand beruflicher Gespräche, beim Small Talk, zögernd und tastend die Frage: »Sagen Sie mal, Ihr Name ...?« Ich antworte dann manchmal mit ein paar Sätzen aus dem Reich der Dichtung, manchmal aus dem der Wahrheit.

Und jetzt: Ein Buch über Zitate, die nicht stimmen – meine Güte, wie blöd ist das denn? Dachte ich. Aber dann ließ ich mich eines Besseren belehren. Wenn man diese Geschichten liest, über Einstein und Luther, Churchill und Goethe, Galilei und Podolski, von denen man meist einen Teil schon mal ungefähr gehört hat, die sich aber dann doch ganz anders darstellen, dann ist man überrascht und amüsiert. Und schlauer als vorher.

»Eigentlich geht es immer um Geschichten.« Auch so ein Satz von ihm. »Aber die Fakten müssen stimmen.« Eh klar.

Henning Goethe ist Soziologe, gelernter Tischler, Kaffeeröster, Unternehmensberater, ehemaliger Nachbar und langjähriger Freund von Martin Rasper.

»Es wird wohl falsch zitiert sein;
die meisten Zitate sind falsch.«

Theodor Fontane, *Die Poggenpuhls*

Einleitung

Richtige Gedanken und falsche Zitate

In einem früheren Leben, bevor ich Journalist wurde, studierte ich Geologie. Und da gab es in einer schriftlichen Prüfung mal eine fiese Frage zu Conodonten. Conodonten, soviel zur Erläuterung, sind bizarre Fossilien, die die Evolution vor allem erfunden hat, um Geologiestudenten zu quälen: Sie sehen aus wie Zahnreihen, sind winzig klein, verdammt schwer auseinanderzuhalten und existierten das gesamte Erdaltertum hindurch, 300 Millionen Jahre lang. Man nimmt an, dass es tatsächlich Zähne von aalförmigen Lebewesen sind, die im Meer lebten – nur ist der Rest des Körpers fast nie erhalten. Jedenfalls wusste ich zu wenig über Conodonten und schrieb stattdessen ein *Faust*-Zitat hin: »Geheimnisvoll am lichten Tag, lässt sich Natur den Schleier nicht entreißen.« Goethe war ja auch Naturforscher, dachte ich, das passt doch. Der Professor reagierte extrem souverän: Er gab mir einen Punkt für Originalität, zog aber einen halben Punkt gleich wieder ab, weil ich, wie er mir bei der Rückgabe der Arbeit erklärte, »ein Schlamper« sei. Korrekt laute der Vers nämlich folgendermaßen, dozierte er dann, während er den erhobenen Zeigefinger tanzen ließ und sich ein Grinsen nicht verkneifen konnte: »Geheimnisvoll am lichten Tag / lässt sich Natur *des Schleiers nicht berauben* / und was sie deinem Geist nicht offenbaren mag / das zwingst du ihr nicht ab mit Hebeln und mit Schrauben«. 1:0 für die Erfahrung des Alters gegen den Leichtsinn der Jugend.

Zitate können also durchaus hilfreich sein, lernte ich daraus – wenn man sie beherrscht. Auch das wusste schon Goethe: »Eine Sammlung von Anekdoten und Maximen ist für den Weltmann der größte Schatz, wenn er die ersten an schicklichen Orten ins Gespräch einzustreuen, der letzten im treffenden Falle sich zu erinnern weiß.«

Und so geht es uns ja allen. Wir lieben zugespitzte Bemerkungen, geflügelte Worte, geschliffene Dialoge. Wir lassen sie im Gespräch fallen, verwenden sie in Reden, Grußworten, Widmungen oder Traueranzeigen. Und natürlich nutzen wir am liebsten Zitate von Menschen, die jeder kennt. Wir gehen ganz selbstverständlich davon aus, dass berühmte Leute besonders kluge Gedanken äußern, dass sie zu allen Themen, die uns beschäftigen, das Letztgültige bereits gesagt haben, und dass sie schlagfertig sind wie aus dem Drehbuch. Wir wollen Geschichten glauben wie die, dass dem whiskysaufenden, zigarrequalmenden, sprücheklopfenden Winston Churchill eine alte Lady einmal wütend zuzischte: »Wenn ich mit Ihnen verheiratet wäre, würde ich Ihnen Gift in den Tee tun!« – und Churchill ungerührt antwortete: »Wenn ich mit Ihnen verheiratet wäre, würde ich ihn trinken!«

Solche Geschichten sind unausrottbar, auch wenn sie nicht stimmen – sie sind einfach zu gut. Viele der in diesem Buch versammelten Sätze haben diese Art von Qualität. Sie sind prägnant und erhellend; viele sind so griffig, dass Werbeprofis sie nicht besser hinkriegen würden; und manche sind richtig genial. Deshalb sind sie so bekannt. Und deshalb haben sie so ein zähes Leben.

Heutzutage kursieren mehr falsche Zitate als je zuvor. Die Zitatensammlungen im Internet kopieren eine von der andern ab, und selbst ernsthafte Autoren tun sich oft schwer, bis zu den Quellen vorzudringen. Besonders krasse Blüten treibt der Handel mit falschen Zitaten in Todesanzeigen, in der Coaching- und Beraterszene und der Ratgeberliteratur. Und wer sich in jenen Bereichen des Berufslebens tummelt, wo man ständig Meetings und Powerpoint-Präsentationen über sich ergehen lassen muss, der hat mit Sicherheit schon mal ein Impulsreferat gehört, das mit einem Zitat von Henry Ford begann. Von Henry Ford kursieren derart viele Zitate, dass der Mann eigentlich im Hauptberuf hätte Schriftsteller sein müssen.

Die meisten Zitate sind also falsch – hat ja Fontane schon gesagt. Kommt gut, wenn man das so lässig dahinsagt. Aber stimmt es auch? Es ist ja eigentlich nicht Fontane, der hier spricht, sondern eine seiner Figuren: Leo Poggenpuhl, der in

Westpommern beim Militär stationiert ist, schreibt den Satz an seine Schwester Manon in Berlin, er fällt also im Kontext einer erfundenen Familiengeschichte. Und er sagt zunächst mal nichts darüber aus, ob der Mensch Fontane dieser Aussage, für sich genommen, überhaupt zustimmen würde. Allerdings – aber so was muss man dann wissen – liebte gerade Fontane es, mit Zitaten zu spielen, etwas bewusst verkehrt zu zitieren oder seinen Figuren schiefe Zitate in den Mund zu legen, um sie dadurch bloßzustellen. Und insofern darf man durchaus sagen: Die meisten Zitate sind falsch, sagt Fontane.

Tatsächlich lässt sich mit Zitaten allerlei Schindluder treiben. Wie oft werden Zitate ungeprüft weitergetragen, fahrlässig verändert oder gar mutwillig erfunden! Ist das überraschend? Nein. Ist es neu? Auch das nicht, nicht einmal im Zeitalter der Fake News. »Um Gedanken und Anschauungen ist es den Leuten auch gar nicht zu tun«, wusste abermals Goethe; »sie sind zufrieden, wenn sie nur Worte haben, womit sie verkehren.«

Die mit Abstand häufigste Verfälschung besteht darin, dass ein Satz mit einem berühmten Urheber zusammengespannt wird. Aus Sicht der Zitate ist das nur einleuchtend: Mit berühmten Eltern lebt es sich natürlich besser. »Matthäus-Effekt« nennt man das Phänomen, dass geflügelte Worte gern zu Leuten wandern, die eh schon berühmt sind. Der Name verweist übrigens nicht auf den Fußballer, was auch passend wäre, sondern auf den Evangelisten. »Denn wer da hat, dem wird gegeben, dass er die Fülle habe; wer aber nicht hat, von dem wird auch genommen, was er hat«, heißt es im 13. Kapitel des Matthäusevangeliums. Oder, wie der Volksmund sagt: »Der Teufel scheißt immer auf den größten Haufen.«

Es gibt in puncto Matthäus-Effekt ein paar absolute Schwergewichte – Autoritäten, die Zitate regelrecht anzusaugen scheinen, so wie ein schwarzes Loch Materie anzieht und nicht mehr hergibt. Aristoteles gehört dazu, Churchill, Einstein; Mark Twain, wenn's lustig, und Gandhi, wenn's erhaben sein soll. Das ist sozusagen die internationale Liga. Und dann gibt es die nationalen Champs: in Deutschland Goethe und Luther, in England und Amerika Oscar Wilde und Harry Truman, in Frankreich Victor Hugo, in Spanien Cervantes, in Italien Dante und Leonardo da Vinci. Wenn man nicht weiß, wer's war – die gehen immer.

Die Zuschreibung eines Zitats an einen berühmten Urheber ist deshalb so unwiderstehlich, weil sie dreierlei bewirkt: Erstens verleiht die Autorität des berühmten Mannes (fast immer sind es Männer) dem Zitat Kraft und Wucht; es wirkt viel stärker, als wenn ein Unbekannter es gesagt hätte. Zweitens fällt ein Teil dieses Glanzes auf den Sprecher zurück, der dadurch gebildeter erscheint. Und drittens hat es etwas Tröstliches, wenn ein großer Geist sich mit einem Thema, das uns umtreibt, auch schon beschäftigt und etwas Gültiges dazu gesagt hat. Letzteres gilt gerade für wichtige Anlässe, etwa für Reden oder Trauerfälle. Beim Oetinger Verlag läuteten vor einigen Jahren die Alarmglocken, als ein bis dahin unbekanntes Zitat von Astrid Lindgren immer häufiger in Todesanzeigen auftauchte: »Wie schön muss es erst im Himmel sein, wenn er von unten schon so schön aussieht?« Die Experten des Verlags waren sich sicher: Der Satz steht nirgendwo bei Lindgren, das ist ein Fake. Man begann zu recherchieren und bereitete sich schon darauf vor, die Anwälte heißzumachen, als eine Erklärung auftauchte: Der Satz stammte aus einer Theateradaption. Astrid Lindgren hatte ihn also tatsächlich nicht geschrieben, aber die Zuschauer des Stücks hatten ihn richtig vernommen. Und nun ist er also in der Welt, der falsche Lindgren-Satz, und von den Trauerkarten nicht mehr wegzukriegen. Er ist einfach zu gut. Und eine hübsche Pointe liegt natürlich noch in der Tatsache, dass es quasi ein unehelicher Satz ist, auch das passt ja zu Astrid Lindgren.

Manche Zitate tun noch etwas anderes, als sich nur an berühmte Leute anzuhängen: Sie verändern sich innerhalb kurzer Zeit, nehmen eine neue Form an, die besser klingt oder das Gesagte besser auf den Punkt bringt – und die sie dann hartnäckig beibehalten. Dabei ist es nicht nur verblüffend zu sehen, wie schnell das teilweise geschieht; die neue Form ist in der Regel auch deutlich prägnanter als das Original. Manchmal wird ein solcher Satz von seinem Erfinder rückwirkend adoptiert und bekommt sozusagen im zweiten Anlauf die Weihe des Originals. So geschehen mit Gorbatschows »Wer zu spät kommt, den bestraft das Leben«; so auch mit Willy Brandts Satz »Jetzt wächst zusammen, was zusammengehört«, den er in seiner Rede am Abend des 10. November

1989 vor dem Rathaus Schöneberg nicht gesagt, aber nachträglich in sein offizielles Redemanuskript eingefügt und damit eben doch »gesagt« hat.

Bei vielen dieser Entwicklungen wirkt ein Phänomen, das die Linguisten die »unsichtbare Hand« nennen. Den Begriff hat der schottische Volkswirtschaftler und Moralphilosoph Adam Smith im 18. Jahrhundert geprägt, und in jüngerer Zeit hat ihn die Sprachwissenschaft übernommen. Das Wirken der unsichtbaren Hand (wie die Sprache selbst), meint der Düsseldorfer Linguist Rudi Keller, ist weder etwas Künstliches noch etwas rein Natürliches; es ist ein »Phänomen der dritten Art«. Es folgt zwar einer Systematik, aber keinem Plan. Ein Musterbeispiel für das Wirken der unsichtbaren Hand ist die Entstehung von Trampelpfaden. Keiner der Leute, die den Weg »anlegen«, hat das Gemeinwohl im Sinn, allen geht es nur um die eigene Abkürzung – und trotzdem schaffen sie gemeinsam ein intelligentes Wegenetz. »Wenn Leute kreuz und quer über den Rasen laufen«, schreibt Keller, »entsteht kein Trampelpfad; er kann nur dann entstehen, wenn sie auf systematische Weise über den Rasen laufen.« Die *Süddeutsche Zeitung* fasste das einmal sehr schön zusammen: »Jeder plappert vor sich hin, und ehe die Leute Muh sagen können, reden sie nicht mittel-, sondern neuhochdeutsch. Direkt gewollt hat das aber kein einziger.«

Wenn also die unsichtbare Hand (oder der Volksmund, um es so zu nennen) der Meinung ist, ein Sachverhalt verlange nach einem Satz, der ihn exakt auf den Punkt bringt – dann wird sie diesen Satz finden, hervorbringen, notfalls umformulieren. Und ihn dann, wenn er passt, beibehalten. Und wenn die unsichtbare Hand der Meinung ist, ein Satz, der bereits existiert, passe einfach perfekt zu diesem Ereignis oder jener Person, dann wird sie diesen Zusammenhang herstellen.

Es ist auch die unsichtbare Hand, die entscheidet, ob ein Satz überhaupt berühmt wird – manchmal sogar zum Missfallen des Urhebers. Helmut Schmidt beklagte sich einmal in einem Interview, dass sein Satz »Wer Visionen hat, soll zum Arzt gehen« ständig zitiert werde. Er habe ihn nur ein einziges Mal gesagt, erklärte er, und zwar in einem Interview, in dem der Fragesteller ihn zu sehr bedrängt habe. Es sei »eine pampige Antwort auf eine dusselige Frage« gewesen, und er sehe nicht ein, warum ausgerechnet dieser Satz immer wieder zitiert werde (Subtext: wo er doch so unendlich viel andere und klügere Sachen gesagt habe). Aber es half alles nichts, der Satz ist einfach zu gut. Und Schmidt war machtlos, denn er hatte ihn ja wirklich gesagt. Die unsichtbare Hand ist manchmal auch gnadenlos.

Andererseits gibt es immer wieder auch Fälle, in denen eben doch ein Einzelner dafür verantwortlich ist, dass ein Satz jemandem angehängt wird, der ihn nicht gesagt hat. Und manchmal lässt sich das auch nachweisen. Meist sind es Missverständnisse, hat jemand was falsch verstanden oder erinnert sich falsch; oder jemand hat einen Gedanken irgendwo gehört oder sogar selbst gehabt (es ist ja »alles schon gedacht worden«, Goethe) und schickt ihn dann in den Zitate-Sauger. So etwa Stefan Zweig, der nur in einer Novelle beiläufig hinzuschreiben braucht »Ich glaube, Goethe hat es gesagt«, und schon ist ein Goethe-Zitat in der Welt, das nicht von Goethe ist.

Diese Phänomene haben übrigens auch schon Georg Büchmann angetrieben, der mit seinen »Geflügelten Worten« die älteste deutsche Zitatensammlung begründet hat und dadurch selbst zu einem Begriff geworden ist. Büchmann, so schreibt es der Herausgeber Alfred Grunow, reizte es zunächst, den Zitaten »hinsichtlich ihrer Herkunft etwas ›auf den Zahn zu fühlen‹ und dabei festzustellen, welche Zitate oft irrtümlich einem falschen Autor zugeschrieben werden, vor allem, welche der Volksmund verändert, das heißt sich einfach ›mundgerechter‹ gemacht hat.«

Es geht dabei ja nicht um Besserwisserei, sondern um die Geschichten, die dahinterstehen. Als damals, nach meiner Erdgeschichte-Klausur, der Professor mir einen halben Punkt für das falsche Goethe-Zitat gab, habe ich mir geschworen: Er wird mich nie mehr dabei erwischen, unsauber zu arbeiten. Das ist jetzt über 30 Jahre her. Der Professor hat inzwischen das Zeitliche gesegnet und seine sterbliche Hülle in den Sedimentationsprozess eingespeist. Aber die Anekdote lebt. Und das Versprechen gilt.

Anmerkungen:

Es wird wohl falsch zitiert sein: Theodor Fontane: *Die Poggenpuhls.* Verlag der Nation 1980, S. 111 (Auf: http://gutenberg.spiegel.de/buch/die-poggen-puhls-4436/14).

Geheimnisvoll am lichten Tag: *Faust I*, Nacht (Faust allein im Studierzimmer), Vers 672 ff.

Eine Sammlung von Anekdoten und Maximen: J. W. v. Goethe, Weimarer Ausgabe I, Bd. 42.2, S. 130.

Um Gedanken und Anschauungen ist es den Leuten auch gar nicht zu tun: aus einem Gespräch mit Eckermann am 16.12.1828; zitiert nach Richard Dobel: *Lexikon der Goethe-Zitate*. Deutscher Taschenbuch Verlag 1995, Zeile 1078/17.

Der Begriff Matthäus-Effekt stammt ursprünglich aus anderem Zusammenhang und wird z. B. in der Soziologie für soziale Ungleichheit verwendet.

Denn wer da hat, dem wird gegeben: Die Stelle findet sich nicht nur bei Matthäus, sondern auch bei Markus und bei Lukas. Auf: http://bibeltext.com/matthew/13-12.htm. Was hier übrigens gern übersehen wird, ist der Kontext: Jesus spricht zum Volk absichtlich in Gleichnissen – aber nicht, um besser verstanden zu werden, sondern damit ihn im Gegenteil nur diejenigen verstehen, die eh schon ahnen, worum es geht: »Euch [*den Jüngern, Anm.*] ist es gegeben, daß ihr das Geheimnis des Himmelreichs verstehet; diesen aber ist es nicht gegeben. Denn wer da hat, dem wird gegeben, daß er die Fülle habe; wer aber nicht hat, von dem wird auch das genommen was er hat. Darum rede ich zu ihnen durch Gleichnisse. Denn mit sehenden Augen sehen sie nicht, und mit hörenden Ohren hören sie nicht; denn sie verstehen es nicht.« Ganz schön zynisch, dieser Jesus.

Die Astrid-Lindgren-Geschichte: Gerlinde Mühle, Presseabteilung des Oetinger-Verlags, persönliche Mitteilung vom 6.3.2017.

Zum Phänomen der unsichtbaren Hand: Rudi Keller: *Sprachwandel. Von der unsichtbaren Hand in der Sprache.* UTB-Francke Verlag, 1990.

Die Süddeutsche Zeitung über die unsichtbare Hand: »Das Streiflicht«. *Süddeutsche Zeitung*, 4.7.1997.

Die Genervtheit von Helmut Schmidt über sein Visionen-Zitat: Giovanni di Lorenzo: »Verstehen Sie das, Herr Schmidt?« *Die Zeit*, 4.3.2010 (Auf: www.zeit.de/2010/10/Fragen-an-Helmut-Schmidt/seite-4).

Grunow über Büchmann: Alfred Grunow: Zur Geschichte des Büchmann. In: *Geflügelte Worte. Der Zitatenschatz des deutschen Volkes.* Gesammelt und erläutert von Georg Büchmann. Fortgesetzt von W. Robert-Tornow u.a., Band I. Deutscher Taschenbuch Verlag 1967, S. 7 f.

> »Alles, was im Weltall existiert,
> ist die Frucht von Zufall
> und Notwendigkeit.«

Demokrit

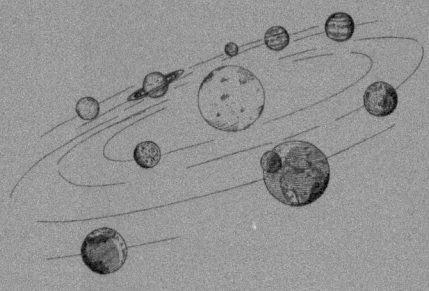

Wahrheitsgehalt: 0 Prozent
Art der Verfälschung: Erfindung, Zuschreibung
Kreativitätsgrad: ✳✳✳✳
Urheber: Jacques Monod, 1970

Ein wahrer Satz von Demokrit:

»Nur scheinbar hat ein Ding eine Farbe,
nur scheinbar ist es süß oder bitter;
in Wirklichkeit gibt es nur Atome
im leeren Raum.«

Das muss man sich mal vorstellen: Ein Nobelpreisträger schreibt ein Buch über sein Lebensthema; dem Buch stellt er ein schönes, elegantes, perfekt zum Thema passendes Motto voran, ein Zitat eines griechischen Philosophen. Das er sich allerdings – ups! – mal eben komplett ausgedacht hat. Und kommt damit durch! Der Mann ist der Franzose Jacques Monod, 1910 bis 1976, ein Molekularbiologe; den Nobelpreis für Medizin bekam er 1965 für seine Forschung zur Genregulation. Sein Buch *Zufall und Notwendigkeit* erschien 1970 und wurde in Frankreich sofort zum Bestseller; in anderen Ländern war die Reaktion verhaltener.

Das Zitat, soviel muss man zunächst festhalten, ist sehr gelungen; es klingt eigentlich zu gut, um erfunden zu sein. Und es kam auch niemand (bzw. fast niemand, dazu später) auf die Idee, dass daran etwas nicht stimmte. Kurz nach Erscheinen der deutschen Ausgabe parlierten der Schriftsteller Jean Améry und der Chemiker Ilya Prigogine in der Zeitschrift *Merkur* sehr gelehrt über das Zitat, ohne zu merken, dass es erfunden ist. Améry äußert zumindest sein Unbehagen daran, dass Monod nicht einmal seine zentralen Begriffe sauber definiert: »Lassen Sie mich zunächst einmal sagen, was mir als ein großer Mangel seines Werks erscheint. Monod spricht von Zufall und Notwendigkeit und zitiert Demokrit: ›Alles, was im Weltall existiert, ist die Frucht von Zufall und Notwendigkeit.‹ Doch ist seine logische Definition der beiden Begriffe nicht sehr präzise.« Darauf antwortet Prigogine, indem er den Kollegen Wissenschaftler reflexhaft verteidigt: »Ich glaube, man

kann sagen, dass es keine sauberen Definitionen von Zufall und Notwendigkeit gibt. […] Der Titel wurde, wie Sie selbst schon sagten, inspiriert durch Demokrit: ›Alles, was im Weltall geschieht (*sic!*), ist die Frucht von Zufall und Notwendigkeit.‹« Améry, der kritische Geist, ist also mit seiner Skepsis auf der richtigen Spur, während Prigogine Monod auf den Leim geht und das erfundene Zitat nicht mal korrekt wiedergibt.

Auch der Philosoph Wolfgang Harich unterzog im *Spiegel* Monods Buch einer Betrachtung – und zerlegte es nach allen Regeln der Kunst. Auch Harich moniert, dass Monod die zentralen Begriffe *Zufall* und *Notwendigkeit* willkürlich handhabe; dann entlarvt er dessen Methode, Binsenweisheiten mit fachsprachlichem Geraune zu umkleiden: »Mit der Autorität des nobelpreisgekrönten Naturforschers, vergleichbar nur der des Schamanen in der Urhorde, erweckt er den Eindruck, mit einem Schlag die Weltanschauungsfundamente der kommunistischen Partei sowohl wie die des Katholizismus […] zertrümmert zu haben. Der Erfolg: Entzückte Gegner und empörte Anhänger beider Mächte wetteifern darin, seiner Publicity zu dienen.«

Umso mehr ist ein tapferer Einzelkämpfer zu loben, der nicht nur das Buch verriss, sondern auch das falsche Zitat entlarvte. So bemängelte der Schweizer Philologe Roland Müller in einem Aufsatz für die *Basler Nachrichten* an dem Buch allerlei handwerkliche Schwächen, nannte es »ungeschickt aufgebaut« und »in einer glanzlosen Sprache und sehr ungenau geschrieben«. Und mit lässiger Eleganz entzauberte er das falsche Zitat: »Gewitzt durch mancherlei Erfahrung, dachte ich mir, bei einem Bestseller, der in Frankreich bereits in 220 000 Exemplaren verkauft wurde, sei schon der *erste Satz* falsch. Und ich hatte mich nicht getäuscht.« Monod, so Müller, stelle ein Zitat von Demokrit an den Anfang, »das nicht nur nicht richtig ist, sondern gerade noch das Gegenteil dessen Lehre besagt«.

Das allerdings hätte auch anderen auffallen können, gilt doch Demokrit geradezu als Urvater des Determinismus. Der griechische Philosoph pflegte nach allem, was man von ihm weiß, ein Weltbild, in dem der Zufall als gestaltende Kraft eher nicht vorgesehen war. Und als Zitat kommt so ein Satz in seinen Schriften schon gar nicht vor.

Dabei ist es ein Grundproblem der sogenannten Vorsokratiker, zu denen Demokrit gehört (neben Thales, Empedokles oder Heraklit), dass von ihnen so gut wie keine Schriften erhalten geblieben sind. Fast alles, was man von ihnen weiß, haben andere aufgeschrieben und überliefert. Da heißt es dann bei Aristoteles oder Diogenes, Cicero oder Plutarch: »Demokrit behauptet …«, »Demokrit lehrt …« oder »wie Demokrit meint …«. Das bedeutet, von Demokrit wie von allen anderen Vorsokratikern, so wichtig sie für die Entstehung des abendländischen Denkens waren, gibt es fast keine wörtlichen Zitate. Das Weltbild dieser frühen Denker muss man sich indirekt aus dem Überlieferten erschließen – und dabei immer mitbedenken, dass die Überlieferer ihre eigene Deutung mit eingebracht haben könnten. Besonders Aristoteles hat das, was er von den Alten wusste, nicht nur wiedergegeben, sondern intensiv diskutiert und interpretiert. Um es also

ganz deutlich zu sagen: Die Leute, die vor 2500 Jahren gelebt haben, haben schlicht keine knackigen Sätze hinterlassen, die zum schnellen Zitieren taugen.

Für den in Frankreich lehrenden Philosophen Heinz Wismann ist es so selbstverständlich, dass Monods Satz erfunden ist, dass er, von mir darauf angesprochen, sich gar nicht bei dieser Tatsache aufhält – sondern gleich gegen die vereinfachende Deutung der vorsokratischen Philosophen loswettert, die so ein falsches Zitat erst möglich mache. Monods Motto sei »nicht nur ein erfundenes Zitat, sondern eine historisch bedingte Begriffsklitterung«, schreibt Wismann, »die schlichte Wiedergabe eines gedankenlos weitergereichten Allgemeinplatzes«.

Bleibt die Frage, wie man mit dem Satz umgehen soll. Er hat ja was. Er beschreibt ziemlich exakt das Spannungsfeld, in dem die Evolution und damit das Leben sich nach unserem Wissen tatsächlich abspielen – statt Zufall kann man auch Chaos sagen, statt Notwendigkeit Ordnung oder Rahmenbedingungen. Aber darf man so was durchgehen lassen, nur weil es gut erfunden ist? Soll man es künftig als Zitat von Jacques Monod behandeln? Immerhin hat er den Satz ja geprägt. Und als jemand, der das Wissen um die Entstehung des Lebens vorangebracht hat, hat er auch die Autorität, dass man ihm den Satz abnimmt. Wer so etwas sagt, hat einiges über das Wesen des Lebendigen begriffen. Am besten ist vielleicht, zu sagen, es sei eine »chinesische Weisheit«. Das ist nie falsch.

Anmerkungen:

»Alles was im Weltall existiert …« als Buchmotto: Jacques Monod: *Zufall und Notwendigkeit. Philosophische Fragen der modernen Biologie.* Piper 1971, S. XVII (im Original: *Le Hasard et la Nécessité*, 1970).

Nur scheinbar hat ein Ding eine Farbe: Wilhelm Capelle: *Die Vorsokratiker.* Kröner Verlag 1935, S. 399. Zu bedenken ist dabei allerdings, dass wörtliche Zitate der Vorsokratiker immer mit Vorsicht zu genießen sind (s. Text).

Das Gespräch zwischen Améry und Prigogine: Merkur 25/11 (1971), S. 1108–1115.

Die Rezension von Wolfgang Harich: Wolfgang Harich: »Alte Wahrheiten, neuer Bluff«. In: *Der Spiegel* 46/71, 8.11.1971, S. 188.

Die Rezension von Roland Müller: Roland Müller: »Ein Nobelpreis für Demokrit!« In: *Basler Nachrichten*, 15.12.1971.

Die Zitate von Heinz Wismann: Heinz Wismann, persönliche Mitteilung vom 7.3.2015.

> »Auch aus Steinen, die einem in den Weg gelegt werden, kann man etwas Schönes bauen.«

Johann Wolfgang von Goethe

Wahrheitsgehalt: 0 Prozent
Art der Verfälschung: Erfindung, Zuschreibung
Kreativitätsgrad: ✳ ✳ ✳ ✳
Urheber: unbekannt

Ein Satz über Steine, den Goethe wirklich gesagt hat:

> »Steine sind stumme Lehrer, sie machen
> den Beobachter stumm, und das Beste,
> was man von ihnen lernt,
> ist nicht mitzuteilen.«

Im Deutschen Bundestag geht es manchmal zu wie in einer Klasse von Pubertierenden. So etwa am 25. Februar 2011, als die Ministerin für Arbeit und Soziales ans Rednerpult tritt, um ihre mühsam erarbeitete Reform des Hartz-IV-Gesetzes vorzustellen. »Ich habe in den letzten Wochen immer viel Kraft aus einem Zitat geschöpft …«, beginnt Ursula von der Leyen, da wird sie von einem Zwischenruf des Grünen Volker Beck gestoppt: »Schon wieder ein Plagiat!«

Worte wie Zitat und Plagiat, muss man wissen, haben einen scharfen Klang in jenen Wochen, da gerade die großzügig abgeschriebene Doktorarbeit des Verteidigungsministers zu Guttenberg aufgeflogen ist – dessen Amt von der Leyen deshalb bald übernehmen wird, was sie freilich in dem Moment noch nicht weiß. Jedenfalls lässt die Ministerin sich von dem frechen Grünen nicht beirren und nimmt den Faden wieder auf: »Es wurde dazwischengerufen: schon wieder ein Zitat …«, als ihr erneut einer reingrätscht, diesmal der Linke Axel Troost: »Ein gekennzeichnetes!« – woraufhin die Rednerin endlich ihren Satz beenden kann: »… das vom guten alten Goethe stammt: ›Auch aus Steinen, die einem in den Weg gelegt werden, kann man Schönes bauen.‹«

Ja, der gute alte Goethe. Der geht immer. Das wird sich auch von der Leyens Redenschreiber gedacht haben, als er den Satz aus einer der Zitatensammlungen im Internet fischte, die sich alle gegenseitig kopieren. Aber über Goethe zu stolpern, das ist schon größeren Geistern passiert. Fritz J. Raddatz etwa, der langjährige Feuilletonchef der *Zeit*, schrieb mal einen

Artikel über die Frankfurter Buchmesse, mit dem er sich zum Gespött der Branche machte. Er berichtete nämlich, was Goethe über die Gegend geschrieben habe, auf der heute in Frankfurt das Messegelände steht: »Man begann damals, das Gebiet hinter dem Bahnhof zu verändern«, so Goethe laut Raddatz. Dumm nur, dass Goethe schon drei Jahre tot war, als 1835 die erste deutsche Eisenbahn fuhr – in Nürnberg.

Goethe ist tot, der Satz mit den Steinen aber lebt. Er wird gelegentlich auch Robert Lembke zugeschrieben, oder, na klar, Konfuzius. Auf Englisch existiert er auch, da soll es George Bernard Shaw gewesen sein. Am häufigsten wird neben Goethe allerdings Erich Kästner genannt. Doch auch von Kästner ist er mit ziemlicher Sicherheit nicht; weder bei den Aphorismen noch in den Gedichten ist er enthalten, auch Kästner-Experten haben ihn nirgendwo finden können. Dabei scheint er zu Kästners sarkastischer Art zu passen, etwa zu seiner berühmten *Ansprache zu Schulbeginn* (»Euch ist bänglich zumute, und man kann nicht sagen, dass euer Instinkt tröge«) – doch auch da steht er nicht.

Also, Kästner war's nicht, aber Goethe war's erst recht nicht, darin sind sich die Fachleute einig. Die Standardwerke wie das *Lexikon der Goethe-Zitate* von Richard Dobel oder das *Lexikon Goethe-Zitate* von Ernst Lautenbach führen den Satz nicht; und Martina Eicheldinger von der *Forschungsstelle Goethe-Wörterbuch* in Tübingen, das über ein Archiv von drei Millionen Karteikarten mit Belegstellen sowie eine Datenbank mit den gesamten Werken verfügt, bestätigt auch, dass der Satz bei Goethe nicht vorkommt. »Das begegnet uns leider immer häufiger«, sagt die Wissenschaftlerin, »dass im Internet Zitate mit der vagen Herkunftsangabe ›J. W. v. Goethe‹ verbreitet werden, die offenkundig nicht von ihm stammen.«

Dabei gibt es in Goethes Werk sage und schreibe rund 1200 Stellen, an denen er das Wort »Stein« verwendet, dazu ungezählte andere mit »Gestein«, »Gebirge«, »Felsen«, »Granit«, »Mineral«, »Amethyst«, »Rosenquarz« und so weiter. In einem Text über den Granit beschreibt er, wie dieses Gestein in seiner Zusammensetzung wandelbar ist und doch immer ähnlich – und wie so oft bei Goethe kann man das auch metaphorisch verstehen: »Höchst mannigfaltig in der größten Einfalt, wechselt seine Mischung ins Unzählige ab. Die Lage und das Verhältnis seiner Teile, seine Dauer, seine Farbe ändert sich mit jedem Gebirge, und die Massen eines jeden Gebirges sind oft von Schritt zu Schritte wieder in sich unterschieden, und im ganzen doch immer wieder einander gleich.« Was er aber niemals geschrieben hat, das ist der Satz von den Steinen, die einem in den Weg gelegt werden.

Es ist sowieso merkwürdig, wie oft Goethe für Lebensweisheiten herhalten muss. Im praktischen Leben ist dem Großkünstler nämlich einiges schiefgelaufen. »Genie schützt nicht vor Lebensdilettantismus«, meint der Goethe-Biograf Rüdiger Safranski; »die Kunstwerke gelingen [ihm] leichter als das Kunstwerk des Lebens.« Das war auch ein Grund, warum Goethe 1775 die Einladung des jungen Herzogs annahm und

nach Weimar ging: Er wollte nicht nur Kunst können, sondern auch Leben. Er wollte sich erden, sich in praktischen Tätigkeiten beweisen und sich zumindest zeitweise vom Künstlerdasein lösen. Er wollte keiner dieser Literaten sein, die von nichts eine Ahnung, aber zu allem eine Meinung haben. Und er nahm das Risiko in Kauf, bei kunstfremden Tätigkeiten auch mal zu scheitern.

Mit Steinen jedenfalls hatte er in Weimar mehr als genug zu tun. In seine Zuständigkeit in dem kleinen Herzogtum gehörte eine Silbermine in Ilmenau, die seit dem Mittelalter leidlich produziert hatte, aber zwischenzeitlich erschöpft schien. Goethe war ab 1780 Vorsitzender der Bergwerkskommission, die die Mine wieder in Gang zu bringen versuchte und einen neuen Schacht niederbringen ließ. Deshalb beschäftigte er sich mit Geologie und Mineralogie und baute in seinem Haus eine systematische Sammlung auf, mit Gesteinen aus Thüringen und ganz Deutschland und Europa. Am Ende besaß er rund 18 000 Stücke. Die Mine in Ilmenau war ihm eine Herzensangelegenheit – umso bitterer für ihn, dass sie sich letztlich doch als unwirtschaftlich erwies. 1784 aber wurde voller Hoffnung der neue Schacht eröffnet und das Ereignis mit einer Feierstunde begangen. Die Rede, die Goethe dazu hielt und die in einer literarischen Zeitschrift abgedruckt wurde, war seine erste Veröffentlichung überhaupt nach acht Jahren. Er fand für den Anlass die erwarteten pathetischen Worte: »Dieser Schacht, den wir heute eröffnen, soll die Türe werden, durch die man zu den verborgenen Schätzen der Erde hinabsteigt …«

Goethe war im Herzogtum übrigens nicht nur für den Bergbau zuständig, sondern auch für den Wegebau – und das gibt dem falschen Zitat von den Steinen noch mal eine hübsche Pointe. Denn auch als Vorsitzender der Wegebaukommission war Goethe nicht sehr erfolgreich: Der Versuch, das abgelegene Nest Weimar durch leistungsfähige Straßen mit Jena und Erfurt sowie mit Rudolstadt zu verbinden, schlug fehl; erst haute die Planung nicht hin, und dann ging das Geld aus. Es hätte Goethe also durchaus geholfen, wenn er in der Lage gewesen wäre, aus den Steinen, die ihm im Weg lagen, etwas Schönes zu bauen. Zum Beispiel eine Straße.

Und irgendwie passt es auch zu Goethe, dass der Stein, der schließlich nach ihm benannt wurde, das Mineral Goethit, eine Doppelnatur hat: Einerseits ist es eines der gewöhnlichsten und unscheinbarsten Minerale überhaupt, ein simples Eisenhydroxid, im Prinzip nichts anderes als Rost. Aber in seltenen Fällen bildet Goethit filigrane nadelartige Kristalle. Und die sind wunderschön.

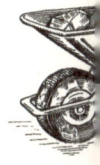

Anmerkungen:

Steine sind stumme Lehrer: J. W. v. Goethe: *Über Naturwissenschaft im Allgemeinen, einzelne Betrachtungen und Aphorismen.* WA (Weimarer Ausgabe) II, Bd. 11, S. 122.

Die Rede von der Leyens: Deutscher Bundestag, Plenarprotokoll 17/94 vom 25.2.2011.

Die Anekdote mit F. J. Raddatz: Theo Sommer: »Kämpfe und Krämpfe«. In: *Die Zeit*, 11.9.2003.

Bei Kästner ist der Satz nicht zu finden: Hans Sarkowicz, persönliche Mitteilung vom 6.3.2017; Birgit Ebbers, persönliche Mitteilung vom 6.3.2017.

Die Goethe-Lexika: Richard Dobel: *Lexikon der Goethe-Zitate.* 3. Aufl. dtv 1999; Ernst Lautenbach: *Lexikon Goethe-Zitate. Auslese für das 21. Jahrhundert.* Iudicium Verlag 2004.

Bei Goethe ist der Satz nicht zu finden: M. Eicheldinger, persönliche Mitteilungen vom 30.11.2016 und 3.1.2017. Im *Goethe-Wörterbuch* kann man übrigens online nach Stichworten suchen, auch wenn erst ein Teil digitalisiert ist. Auf: www.goethe-woerterbuch.de.

Die Worte Stein, Mineral etc. in Goethes Werk: M. Eicheldinger, persönliche Mitteilungen vom 3.1.2017 und 12.1.2017.

Goethe über den Granit: J. W. v. Goethe: *Anschauendes Denken.* Goethes Schriften zur Naturwissenschaft, in einer Auswahl herausgegeben von Horst Günther. Insel Taschenbuch 550, 1981, S. 29.

Goethes Rolle in der Bergbaukommission: Rüdiger Safranski: Goethe. *Kunstwerk des Lebens.* Carl Hanser Verlag 2013, S. 313 f.

Goethes Rolle in der Wegebaukommission: Safranski, a. a. O., S. 312 f.

»Auch wenn ich wüsste,
dass morgen die Welt untergeht,
würde ich noch heute ein
Apfelbäumchen pflanzen.«
Martin Luther

Wahrheitsgehalt: 0 Prozent
Art der Verfälschung: Erfindung, Zuschreibung
Kreativitätsgrad: ✱ ✱ ✱ ✱ ✱
Urheber: unbekannt
Zeit: 20. Jahrhundert

Ein Satz mit Äpfeln, den Luther wirklich gesagt hat:

*»Wenn man unser Zeitalter mit dem vorigen
vergleicht, ist kaum ein Handbreit, ein übrig Äpfelchen, das
an einem Baum ein wenig hänget.«*

»Es ist immer Zeit, ein Apfelbäumchen zu pflanzen!«, ruft die Aktion Martin-Luther-Apfel ins Deutschland des 21. Jahrhunderts. Eigens für das Jubiläumsjahr 2017 ist die neue Apfelsorte *Martin Luther* gezüchtet und beim Bundessortenamt angemeldet worden. Die Bäumchen verbreiten sich und werden Früchte tragen, in Gemeindezentren, Kindertagesstätten, Privatgärten – und damit hat der Satz vom Apfelbäumchen seiner ohnehin schon erstaunlichen Geschichte einen weiteren Rekord hinzugefügt: Er ist das erste Zitat, das man aufessen kann.

Denn die Karriere dieses Satzes ist schlichtweg sagenhaft. Luther hat ihn weder gesagt noch geschrieben. Nirgends bei allem, was von Luther erhalten ist, weder in den Predigten noch in den Schriften noch in den Tischreden, kommt der Satz vor. Und auch keiner, der so ähnlich ist. Und auch in den Generationen nach Luther hat niemals jemand den Satz aufgeschrieben und gesagt, er sei von Luther. Zweieinhalb Jahrhunderte Lutherforschung, davon mehrere Jahrzehnte der Beschäftigung mit dem Satz, haben keinen Beleg erbracht. Martin Kruse, seinerzeit Bischof der Evangelischen Kirche von Berlin-Brandenburg, setzte im Lutherjahr 1983 (500. Geburtstag!) sogar eine Belohnung von 1.000 Mark aus für denjenigen, der das Zitat bei Luther nachweisen könne. Aber, so schreibt der Wuppertaler Theologieprofessor Martin Schloemann, der das Thema intensiv erforscht hat: »Bischof Kruse hätte seinen Finderlohn auch auf eine Million erhöhen können – niemand hätte ihn abgeholt.«

Der Satz ist eine Schöpfung des 20. Jahrhunderts. Er tauchte plötzlich auf und verbreitete sich so rasch, dass es keinen Zweifel geben kann, dass er erst kurz zuvor geprägt worden war. Es lässt sich sogar eingrenzen, wann: Er entstand während der Nazizeit in Kreisen evangelischer Theologen, wahrscheinlich als Mutmacher. Die älteste Stelle, an der er belegt ist, ist ein interner Rundbrief des Hersfelder Pfarrers Karl Lotz aus dem Jahr 1944 an die Vertrauensleute der Widerstandsorganisation der *Bekennenden Kirche* von Kurhessen-Waldeck. Lotz schreibt: »Wir müssen uns wohl nach dem Luther-Wort richten: ›Und wenn morgen die Welt unterginge, so wollen wir heute unser Apfelbäumchen pflanzen‹.«

Nach dem Krieg verbreitete sich der Satz rasch. Auf einem Pfingsttreffen der christlichen Jugend in Marburg 1950 ergab sich der Zufall, dass die beiden prominentesten Redner, der hannoversche Bischof Hanns Lilje und der Präses der Synode der Evangelischen Kirche Gustav Heinemann, unabhängig voneinander mit dem vermeintlichen Luther-Zitat, das beide offenbar für neu entdeckt und extrem passend hielten, ihre Rede abschlossen. Dazu muss man wissen, dass damals starke Kriegsangst herrschte. Die Konfrontation der Blöcke war mit dem Weltkrieg nicht überwunden worden – im Gegenteil: Es gab eine neue Konfrontation, Osten gegen Westen, und der Koreakrieg warf seine Schatten voraus. »Ei, ei, ei, Korea / der Krieg kommt immer näher«, ging damals ein Faschingslied.

Vor diesem Hintergrund machte der Satz als »ultimatives Trost- und Widerstandswort« (Schloemann) die Runde, erst in Kirchenkreisen, dann in der weiteren Öffentlichkeit. Und bald tauchte die Frage auf, wo oder wann denn Luther das eigentlich gesagt oder geschrieben habe. Die Antwort der Fachleute kam ziemlich schnell: Wahrscheinlich gar nicht; wenn es wo stünde, wüssten wir es. Aber das kümmerte niemanden. Das »Luther-Zitat« verbreitete sich weiter, wurde groß und stark und unverwüstlich. Das bekannteste Beispiel dafür, wie inspirierend es wirkte, ist der Dichter Gottfried Benn. Er hörte den Satz 1950 in einem Vortrag im Radio und schrieb darauf ein Gedicht, in dem sich Empathie und Spott wunderbar mischen: »Was meinte Luther mit dem Apfelbaum? / Mir ist es gleich – auch Untergang ist Traum. / Ich stehe hier in meinem Apfelgarten / Und kann den Untergang getrost erwarten / Ich bin in Gott, der außerhalb der Welt / Noch manchen Trumpf in seinem Skatblatt hält. / Wenn morgen früh die Welt zu Brüche geht / Ich bleibe ewig sein und sternestet: / Meinte er das, der alte Biedermann / Und blickt noch einmal seine Käthe an / Und trinkt noch einmal einen Humpen Bier / Und schläft, bis es beginnt – frühmorgens vier / Dann wär er wirklich ein sehr großer Mann, / Den man auch heute nur bewundern kann.«

Die Fachleute aber forschten weiter nach dem Ursprung. Eine interessante Spur schien zum schwäbischen Pietismus zu führen. Dort hatte sich Anfang des 19. Jahrhunderts der Glaube durchgesetzt, am 18. Juni 1836 werde die Wiederkehr Christi und der Beginn seines tausendjährigen Reiches erfolgen. Manche Gläubigen waren derart vom bevorstehenden

Weltende überzeugt, dass sie ihr Hab und Gut aufgaben und ihre täglichen Pflichten vernachlässigten. Dagegen wandten sich ihre Führer, etwa der Schulmeister Johannes Kullen: »Brüder, wenn ich gewiss weiß, dass der Heiland kommt, und ich habe noch einen Baum zu setzen, so setze ich ihn zuvor, und wenn eine Dachplatte fehlt, muss sie noch ergänzt werden. [...] Da aber zu der erwarteten Zeit der Heiland nicht kam, so gründeten die Brüder jetzt ihren Hausstand und wurden recht nüchterne Väter in Christo.«

Der Satz mit dem Baum klingt auf den ersten Blick dem Apfelbäumchen-Satz verblüffend ähnlich. In Wahrheit beweist er gerade, dass er kein Luther-Zitat ist – denn weder ist er damals Luther zugeschrieben worden noch findet sich ein Beleg, dass er sich ins 20. Jahrhundert hinübergerettet hat. Außerdem gibt es aus dieser Zeit eine Vielzahl ähnlicher Sätze, etwa: »Und wenn heut Nachmittag der Heiland käme, müsste ich heut morgen noch Schule halten.« Andere Aussagen fordern, man müsse in dem Fall vorher noch »seine Schulden bezahlen« oder »eine Hecke ausgraben«.

All diese Sätze haben zwei entscheidende Unterschiede zum Apfelbäumchen-Satz: Zum einen geht es bei ihnen nie um den »Weltuntergang«, wie auch immer der im Einzelnen definiert sein mag, sondern um die »Ankunft des Herrn« – ein mit freudiger Erregung herbeigesehntes Ereignis, das aber kein Grund ist, durchzudrehen. Schwaben sind pragmatisch; man kann ja nicht sicher sein, ob der Heiland morgen kommt oder übermorgen oder doch erst nächstes Jahr. Und es gibt einen zweiten Grund, warum diese Sätze nicht der Ursprung des Apfelbäumchen-Satzes sein können: Sie sind inhaltlich und formal sehr vielgestaltig, während das Apfelbäumchen-Zitat von Anfang an nur minimale Variationen gezeigt hat. Und von keinem der Schwaben-Sätze wird behauptet, dass Luther ihn gesagt habe, während der Apfelbäumchen-Satz von Anfang an als »Luther-Zitat« firmierte.

Das Zitat selbst setzte unterdessen seine erstaunliche Karriere fort. Auf der Brüsseler Weltausstellung 1958 (die mit dem Atomium) schmückte es als großformatiger Wandschmuck einen Raum des deutschen Pavillons. In vier Sprachen, auf Deutsch, Französisch, Flämisch und Englisch, stand dort der Satz vom Apfelbäumchen, mit dem Vermerk »Martin Luther«. Im Urteil der Besucher aus aller Welt wurde sowohl die Architektur des Pavillons von Egon Eiermann und Sep Ruf als auch das Luther-Motto als angenehm empfunden: Deutschland präsentierte sich der Welt als tatkräftige, aber friedliche und bescheidene Nation, die ihre Lektion gelernt hatte. Das Apfelbäumchen-Zitat, urteilt Forscher Schloemann, war damit endgültig zum »zivilreligiösen Phänomen« und zum »Symbol der Selbstvergewisserung« der Bonner Republik geworden.

Danach wurde es etwas ruhiger um das Apfelbäumchen. Während der Ökologie- und Friedensbewegung erlebte es noch einmal eine Blüte, etwa durch den Buchtitel *So lasst uns denn ein Apfelbäumchen pflanzen* – während ihm da aber das kraftvollere »Schwerter zu Pflugscharen« bereits den Rang ablief. Aber da hatte es längst seinen Platz im kollektiven Gedächtnis gefunden.

Der Satz bleibt eines der faszinierendsten erfundenen Zitate überhaupt. Er wurde plötzlich geboren, stieg auf wie ein Komet und hört seither nicht mehr auf zu glühen. Er ist ein schlagendes Beispiel dafür, wie hartnäckig ein Zitat an seinem vermeintlichen Urheber kleben kann.

Und was für ein Eigenleben solch ein Satz entwickeln kann, zeigt eine absurde Fortschreibung, die in manchen Kreisen kursiert. Danach soll ein Student in Wittenberg Luther in seinem Garten angetroffen und gefragt haben, was er da mache. Luther habe gesagt, er pflanze einen Apfelbaum. Darauf der Student: Was er denn tun würde, wenn er wüsste, dass morgen die Welt unterginge? Und Luther: »Auch dann würde ich heute noch mein Apfelbäumchen pflanzen.«

Diese Geschichte ist aus mindestens drei Gründen absurd: Erstens läuft sie erkennbar auf die Pointe zu und ist offenbar genau zu dem Zweck erfunden worden. Kein normaler Mensch käme auf die Idee, jemanden, der gerade mit etwas beschäftigt ist, aus heiterem Himmel nach dem Weltuntergang zu fragen. Hier wird das Pferd von hinten aufgezäumt. Zweitens war Luther erwiesenermaßen kein großer Gärtner; in seinem Haushalt kam zwar vieles aus dem eigenen Garten auf den Tisch, aber das organisierte alles die tüchtige Katharina. Und drittens ist »Weltuntergang« kein Wort, das in Luthers Weltbild gepasst hätte. Luther war auf eine fast kindliche Art gläubig, die wir uns kaum vorstellen können. Für ihn waren Gott und der Teufel vollkommen real; der Kampf um den Glauben und die Qualen, die man dabei erlitt (die sogenannten »Anfechtungen«), waren existenzielle Nöte. Aber dass »morgen die

Welt untergeht«, das war kein Szenario, das in der Welt Luthers und seiner Mitstreiter eine Rolle gespielt hätte.

Jede Zeit hat ihre Luther-Zitate, die echten wie die erfundenen. Wer weiß, welche Themen Martin Luther heute umtreiben würden? Vielleicht würde er gegen die Finanzmacht und die Gier der multinationalen Konzerne kämpfen. Was wir jetzt bräuchten, wäre ein kräftiger Luther-Satz gegen, sagen wir, Monsanto oder Google. Vielleicht findet ihn mal jemand.

<u>Anmerkungen:</u>

Wenn man unser Zeitalter mit dem vorigen vergleicht: Reinhard Buchwald: *Luther im Gespräch. Aufzeichnungen seiner Freunde und Tischgenossen.* Albrecht Kröner Verlag 1938, S. 88.

Die Aktion Martin-Luther-Apfel: Auf: www.martin-luther-apfel.de. Die Website bringt das Apfelbäumchen-»Zitat« übrigens groß als Motto; die Quellenlage hingegen kommentiert der Text etwas verschämt: »Es gibt wenige Sätze, die so unbeirrt und lebensbejahend sind wie das vom Apfelbäumchen im Angesicht eines etwaigen Weltuntergangs. Ob er tatsächlich aus Martin Luthers Feder stammt, lässt sich nicht belegen.«

Die 1000 Mark Belohnung von Bischof Kruse: Martin Schloemann: *Luthers Apfelbäumchen? Ein Kapitel deutscher Mentalitätsgeschichte seit dem Zweiten Weltkrieg.* Verlag Vandenhoeck & Ruprecht 1994, S. 15 f.

Zur Überlieferung von Luthers Tischreden: Buchwald, a. a. O.

Das erste Auftauchen des Satzes 1944: Schloemann a. a. O., S. 28 ff.

Die Verbreitung nach dem Krieg: Schloemann a. a. O., S. 50 ff.

Das Benn-Gedicht: Gottfried Benn: *Gesammelte Werke.* Band 2. Klett-Cotta 1956, S. 449.

Die Sätze der schwäbischen Pietisten: Schloemann a. a. O., S. 122 ff.

»Das zweitgrößte Übel ist
die Sklaverei, das größte aber
die Behauptung, der Mensch stamme vom Affen ab.«

Alexander von Humboldt

Wahrheitsgehalt: 0 Prozent
Art der Verfälschung: Umkehrung der Tatsachen
Kreativitätsgrad: ✳ ✳ ✳
Urheber: Daniel Kehlmann, 2005

Was Humboldt wirklich gesagt hat:

*»Ohne Zweifel ist die Sklaverei das größte aller Übel, welche
die Menschheit gepeinigt haben.«*

Die Vermessung der Welt von Daniel Kehlmann war der Sensationserfolg der Jahre 2005 ff.: monatelang auf der *Spiegel*-Bestsellerliste, über zwei Millionen verkaufte Bücher allein in Deutschland, Übersetzung in über 40 Sprachen. Und das bei einem Thema, von dem jeder Literaturagent abgeraten hätte: Das Leben zweier Wissenschaftler, Alexander von Humboldt und Carl Friedrich Gauß, erzählt als Doppelbiografie. Doch die in einer eigentümlich raunenden Sprache und mit ironischem Unterton erzählte Geschichte erzeugte bei vielen Deutschen erstmals ein lebendiges Bild dieser beiden Geistesgrößen.

Kehlmann, der seine beiden Hauptfiguren als eine Art liebevoller Karikatur zeichnet, ging mit den historischen Fakten sehr frei um – wofür er heftig kritisiert wurde. »Viele Aspekte sind im historischen Kontext schlicht falsch«, bemerkte der Mathematiker Frans Oort, der nicht nur zahlreiche Ungereimtheiten moniert, sondern sich auch an der Darstellung von Gauß als miesepetrigem, asozialem Eigenbrötler stört: »Der Charakter der Hauptfiguren wurde grob verunstaltet.« Auch Humboldt-Experten wie der Wissenschaftshistoriker Frank Holl protestierten: »Alexander von Humboldt war kein klein gewachsener, roboterhaft in Uniform und mit Degen den Urwald untersuchender, pädophiler, überheblicher, humorloser, fast immer schlecht gelaunter, chauvinistischer Forscher.«

Schriftsteller reagieren auf solche Kritik stets gleich: Was sie machen, sei Dichtung; die Realität diene ihnen nur als

43

Material. Kehlmann erklärte seine Arbeitsweise als »Spiel mit Fakten und Fiktionen«. Schon Goethe, Schiller und Kleist hätten das so gehalten, außerdem habe er viele Fakten mit Absicht und aus rein dramaturgischen Gründen verändert.

Das kann man erstmal so stehen lassen; allerdings erklärte er auch, er habe »verschwiegene oder übersehene Wahrheiten sichtbar« machen wollen. Und dann wird es zum Problem, wenn sich die erfundenen Fakten verselbstständigen. Mit den Worten »Humboldt war ein Päderast! Warum schenken Sie ihm eine derartige Aufmerksamkeit?« wurde Historiker Holl auf einer Veranstaltung in Washington von einem Zuhörer angegriffen. Auf die Frage, woher der Besucher sein Wissen habe, antwortete dieser: aus der »Biografie« von Kehlmann.

Nun könnte man einwenden, dass ein Autor nichts dafür kann, wenn Leser seine Fiktion für Fakten halten; auf dem Roman steht, wie Kehlmann selbst immer betont, »Roman« drauf. So muss man auch den Satz von der Sklaverei und der Abstammung vom Affen erstmal als Literatur annehmen. Kehlmann lässt Humboldt auf einem Vortrag über die Entwicklung des Lebens sprechen: »So steige das Leben durch Stadien wachsender Verbergung seiner Organisation, bis es jenen Sprung mache, den man getrost den weitestmöglichen nennen könne: dem Blitzschlag der Vernunft. Hin zu ihm finde keine Entwicklung in Graden statt. Die zweitgrößte Beleidigung des Menschen sei die Sklaverei. Die größte jedoch die Idee, er stamme vom Affen ab.«

Das ist eine komplette Umkehrung der Tatsachen: Humboldt war ein hochpolitischer Mensch, der sich gegen die Sklaverei wie überhaupt gegen jede Form von Diskriminierung einsetzte; auf seine Initiative beschloss Preußen 1857 ein Gesetz, das jeden Sklaven, der preußischen Boden betrat, für frei erklärte. Humboldt hielt die Sklaverei schlicht für ein Verbrechen an der Menschlichkeit, für das größte Übel – er sagte das so, er schrieb das so, in seinem Bericht über die Insel Kuba, wo er sich auf 16 Seiten dem Thema widmet: »Ohne Zweifel ist die Sklaverei das größte aller Übel, welche die Menschheit gepeinigt haben, sei es, dass man einen Sklaven betrachtet, wie er seiner Familie […] entrissen und in die Schiffsräume […] geworfen wird, oder dass man ihn als Teil der Herde schwarzer Menschen, die auf dem Boden der Antillen zusammengepfercht sind, betrachtet.« Seine Haltung war eindeutig, sehr politisch und sehr modern. Dem Evolutionsgedanken dagegen hätte Humboldt – nach allem was man weiß – eher positiv gegenübergestanden.

Aber gut, wir sind immer noch in der Sphäre der Literatur, da hat der Autor das Recht, auch mal was zu verdrehen. Kehlmann jedoch ist von seinem Einfall derart berauscht, dass er ihn sogar in einem wissenschaftlichen Werk als Fakt ausgibt. Und da wird es haarig.

Für die 2006 erschienenen Tagebücher von Charles Darwin, die dieser auf seiner Weltreise mit der *Beagle* geführt hatte, steuerte Kehlmann eine Einleitung bei. Und da taucht wieder, ebenso unmotiviert wie bei dem Berliner Vortrag, die

Geschichte mit den Sklaven und den Affen auf. Über Darwins Leben nach der Rückkehr schreibt Kehlmann: »Darwin nahm seine Kusine und Kindheitsfreundin Emma Wedgwood zur Frau und zog sich zurück. In der Abgeschlossenheit des Landlebens, beschützt von der Familie und dem ererbten Vermögen, entstand seine Theorie von der Entstehung der Arten, der Unvererbbarkeit des Erworbenen, der Gewordenheit des Menschen durchs Spiel des Zufalls. Die zweitgrößte Beleidigung des Menschen sei die Sklaverei, hatte Humboldt ausgerufen, die größte aber die Behauptung, er stamme vom Affen ab. Eine Verständigung zwischen beiden kam nicht zustande: Bei ihrem einzigen Zusammentreffen fand Darwin sein ehemals großes Vorbild ›gemütlich‹ und reichlich geschwätzig.«

Hier geht es nicht mehr um Literatur. Die Edition eines historischen Textes ist ein wissenschaftliches Werk. Und die Einleitung dazu ist Teil dieses Werkes. Und wenn man einen Nicht-Fachmann, weil er ein berühmter Schriftsteller ist, diese Einleitung schreiben lässt, dann hat er sich an die Fakten zu halten – sonst beschädigt er das ganze Werk.

Zumal es überhaupt keinen Grund gibt, Humboldt und Darwin gegeneinander auszuspielen. Es stimmt zwar, dass Darwin von Humboldt enttäuscht war, als er ihn, spät, endlich einmal traf. Aber dass die beiden, wie Kehlmann es suggeriert, sich nicht darüber hätten »verständigen« können, ob nun die Sklaverei oder die Abstammung vom Affen das größere Übel sei – das ist dermaßen absurd, dass es einem die Schuhe auszieht. Ganz davon abgesehen, dass Humboldt bereits tot war, als Darwin mit seinem Buch *Von der Entstehung der Arten* die Evolutionslehre begründete. Aber Kehlmann ist das alles wurscht. Er hat offenbar irgendwann Humboldts Äußerung über die Sklaverei gelesen und sich falsch eingeprägt, und dann hat er den Satz mit der Abstammung vom Affen erfunden, der auch nicht zu Humboldt passt, und seither beharrt er auf diesem Quatsch. Das ist nicht nur eine Beleidigung Darwins und Humboldts, sondern auch des Lesers.

Humboldt, so viel ist sicher, hätte sich gegen Kehlmanns Zumutungen gewehrt, unter heutigen Verhältnissen hätte er ihn wahrscheinlich wegen Rufschädigung verklagt. Als in den USA einmal eine Ausgabe seines Kuba-Berichts erschien, in der der Übersetzer das Kapitel über die Sklaverei weggelassen hatte, protestierte Humboldt scharf mit einer Erklärung, die er in den USA und in Deutschland veröffentlichen ließ: Er sei es »einem inneren moralischen Gefühle schuldig, das heute noch eben so lebhaft ist, als im Jahr 1826«, öffentlich darüber Klage zu führen, dass das Kapitel über die Sklaverei »eigenmächtig weggelassen« wurde: »Auf diesen Teil meiner Schrift lege ich eine weit größere Wichtigkeit als auf die mühevollen Arbeiten astronomischer Ortsbestimmungen, magnetischer Intensitäts-Versuche oder statistischer Angaben.«

Das ist der wahre Humboldt: ein manchmal merkwürdiger Mensch und eine hochkomplexe Persönlichkeit. Einer, der immer bereit war, einen Wissensstand aufzugeben, wenn neue Fakten auf dem Tisch lagen. »Die Wahrheit«, schrieb er 1805 in einem Brief an Schelling, »strahlt endlich doch durch die Finsternis durch.«

Anmerkungen:

Die entsprechende Passage steht in der *Vermessung der Welt*, wie das ganze Buch, in indirekter Rede: »So steige das Leben durch Stadien wachsender Verbergung seiner Organisation, bis es jenen Sprung mache, den man getrost den weitestmöglichen nennen könne: dem *[sic!]* Blitzschlag der Vernunft. Hin zu ihm finde keine Entwicklung in Graden statt. Die zweitgrößte Beleidigung des Menschen sei die Sklaverei. Die größte jedoch die Idee, er stamme vom Affen ab.« (*Die Vermessung der Welt*, S. 238).

Ohne Zweifel ist die Sklaverei das größte aller Übel: Alexander von Humboldt: *Politischer Versuch über die Insel Cuba.* In: *Alexander von Humboldt Studienausgabe.* Hrsg. v. Hanno Beck. Wissenschaftliche Buchgemeinschaft 1992, Bd. 3: Cuba-Werk, S. 156 f.

Die Rezension von Frans Oort: Auf: www.ams.org/notices/200806/tx080600681p. pdf.

Einen Überblick über die falschen Fakten gibt z. B. Frank Holl: *Die zweitgrößte Beleidigung des Menschen sei die Sklaverei … Daniel Kehlmanns neu erfundener Alexander von Humboldt.* Auf: www.uni-potsdam.de/romanistik/hin/hin25/holl. htm. Der Aufsatz dokumentiert mehrere Fälle, in denen sogar Wissenschaftler Kehlmanns erfundene Fakten für bare Münze nahmen und weiterverbreiteten.

Der Zwischenfall auf der Veranstaltung in Washington (es handelte sich um eine Podiumsdiskussion am *German Historical Institute* aus Anlass von Humboldts 150. Todestag): Frank Holl, a. a. O., Abschnitt 4; Frank Holl, persönliche Mitteilung vom 26.11.2016.

Die erfundenen Humboldt-Sätze und -Fakten in Darwins Tagebüchern: Daniel Kehlmann: »Die Finken und die Wilden«. Einleitung zu: Charles Darwin: *Die Fahrt der Beagle.* Marebuch 2006, S. 15.

Humboldts Erklärung über seine Haltung zur Sklaverei: Alexander von Humboldt: »Insel Cuba«. In: *Berlinische Nachrichten von Staats- und gelehrten Sachen* 172, 25. Juli 1856, S. 4. Zum Beispiel auf: www.deutschestextarchiv.de/book/view/ humboldt_cuba_1856?p=1.

Die Wahrheit strahlt endlich doch …: In: Gustav Leopold Plitt (Hrsg.): *Aus Schellings Leben.* In Briefen. Bd. 2. Hirzel Verlag 1870, S. 50.

> »Der Flügelschlag eines Schmetterlings in China kann einen Wirbelsturm in der Karibik auslösen.«

Edward N. Lorenz

Wahrheitsgehalt: 60–80 Prozent, je nach Version
Art der Verfälschung: Umformulierung verschiedenster Art
Kreativitätsgrad: ✳ ✳
Urheber: Edward N. Lorenz, 1972

Was Lorenz wirklich gesagt hat:

»Löst der Flügelschlag eines Schmetterlings in Brasilien einen Tornado in Texas aus?«

Mal flattert der Schmetterling in China, mal in der Karibik oder in Indien. Mal verursacht er einen Tornado, mal einen Hurrikan, mal schwere Unwetter, oft einfach einen Sturm. Und das entweder in Texas oder in New York, aber auch in Berlin oder, besonders hübsch, »in den Alpen«. Ich habe über die Jahre ein paar Beispiele für solche Variationen gesammelt:

Autor	Schmetterling in	Art des Sturms	Ort des Sturms
Lorenz 1972	Brasilien	Tornado	Texas
Greschik 1998	China	Hurrikan	Amerika
Gleick 1998	Peking	Sturmsysteme	New York
Buchanan 2001	Portugal	Schwere Unwetter	Moskau
Castro 2003	Honduras	Hurrikan	Berlin
Klein 2004	Hawaii	Unwetter	Alpen
Schmitz 2005	Hamburg	Sturmflut	Chinas Küste
Fischer 2006	Brasilien	Sturm	New York
Wingert 2007	Amazonas	Orkan	Europa
Lossau 2008	Shanghai	Wirbelsturm	New York
Klohr 2015	Shanghai	Tornado	New York
Melzer 2016	China	Tornado	Oklahoma

Man sieht sofort, wie formbar die Metapher ist: Die Heimat des Schmetterlings, der Ort und die Art des Sturms variieren beliebig, und trotzdem weiß jeder, was gemeint ist. Ein neueres Phänomen ist dabei, dass China parallel zu seinem Aufstieg als Wirtschaftsmacht sich hartnäckig in die Metapher schleicht – man könnte glatt auf den Gedanken kommen, dass sich hier die neue Rivalität zwischen China und den USA abbildet.

»*Does the Flap of a Butterfly's Wings in Brazil Set Off a Tornado in Texas?*«, fragte der Meteorologe Edward N. Lorenz 1972 in einem Vortrag vor der American Association for the Advancement of Science. Er meinte das durchaus als Frage. Seine Antwort war, dass man es (zumindest seinerzeit) nicht beantworten könne, beziehungsweise: eher nein. Doch je berühmter der Satz wurde, desto mehr verwandelte sich die Frage in eine Aussage. Ihren Durchbruch hatte sie wohl spätestens 1993 mit dem Film *Jurassic Park*. Dort spielt Jeff Goldblum den Chaosforscher Dr. Ian Malcolm, der zu dem kleinen Team aus Experten gehört, das auf der Dinosaurier-Insel nachschauen soll, was dort schiefzugehen droht. Viele Kinobesucher, darf man vermuten, hatten zuvor kaum von der Chaostheorie gehört. Aber nun ist da dieser Mr. Malcolm, der Wissenschaftler, schwarz gekleidet, schwarz gelockt, düster, existenzialistisch. Er sagt Dinge wie: »Das Leben findet einen Weg« – und erklärt anhand des Beispiels mit dem Schmetterling, dass komplexe, nichtlineare Systeme grundsätzlich nicht vorhersagbar sind. Dies bestätigt sich im weiteren Verlauf der Handlung aufs Unschönste, als er von einem Tyrannosaurus angegriffen und schwer verletzt wird. Der Dinopark ist aus dem Ruder gelaufen; die Idee, das neugeschaffene Leben in wohlgeordneten Bahnen zu halten, ist fehlgeschlagen. Das Chaos regiert. Eindrücklicher ist wohl selten eine wissenschaftliche Idee popularisiert worden.

Dem Meteorologen Lorenz, der sein gesamtes Forscherleben am Massachusetts Institute of Technology verbrachte, ging es um die Möglichkeiten und Grenzen der Wettervorhersage. Ist es, so seine zentrale Frage, grundsätzlich möglich, langfristige Voraussagen zu treffen? Kann man Wettersysteme verlässlich berechnen? Als Beispiel wählte Lorenz einfache Konvektionsmodelle, bei denen heiße Luft (oder eine warme Strömung in einer Flüssigkeit) auf einer Seite aufsteigt, sich abkühlt und auf der anderen Seite absinkt. Dieses Miniatur-Wetterelement versuchte Lorenz im Computer nachzubilden und mit Differenzialgleichungen zu beschreiben. Um Rechnerkapazität zu sparen (wir befinden uns in den sechziger Jahren!), ließ er das Programm nicht jedes Mal von vorn ablaufen, sondern manchmal bei im Computer gespeicherten Zwischenergebnissen beginnen. Dabei fiel ihm auf, dass sich die Ergebnisse zunehmend unterschieden. Die minimalen Änderungen, die der Computer beim Speichern der Zwischenergebnisse durch automatische Rundung verursacht hatte (es ging um die dritte Stelle hinter dem Komma!), reichten aus, um völlig andere Ergebnisse zu erzeugen. Eine winzige Änderung, wie ein Lufthauch. Ein Lufthauch, der durch den Flügelschlag einer Möwe ausgelöst wird, dachte Lorenz.

Später kam er von der Möwe zum Schmetterling – möglicherweise angeregt durch die fantastische Erzählung *Ferner Donner* von Ray Bradbury. Das ist eine hübsche kleine Geschichte: Zeitreisende machen einen Ausflug in die Vergangenheit, zur Zeit der Dinosaurier. Sie werden ermahnt, unbedingt auf den Wegen zu bleiben und nur ja nichts zu verändern, weil jede Handlung Auswirkungen auf die Zukunft haben könnte. Doch einem der Reisenden passiert ein Missgeschick, er zertritt einen Schmetterling. Als die Gruppe in die Gegenwart zurückkehrt, hat sich das Land verändert: Statt des gemäßigten Kandidaten Keith hat der Radikale Deutscher die Wahl zum Präsidenten gewonnen (»ein richtiger Anti-Alles, Militarist, anti-christlich, anti-human und anti-intellektuell«), das Land ist eine Diktatur geworden. Eine winzige Variation bei den Ausgangsbedingungen hat zu massiven Auswirkungen des Systems in der Zukunft geführt.

Genau das ist es natürlich, was an dem Thema so fasziniert: Kleine Ursachen können sich zu großen Folgen auswachsen. Der Gedanke ist nicht neu, entsprechende Sprichwörter gab es schon im alten China. Ein amerikanisches Volksgedicht, »For Want of a Nail«, beschreibt es sehr schön: »Weil ein Nagel fehlte, ging das Hufeisen verloren; weil ein Hufeisen fehlte, ging das Pferd verloren; weil ein Pferd fehlte, ging ein Reiter verloren; weil ein Reiter fehlte, ging die Schlacht verloren; weil die Schlacht verloren war, ging auch das Königreich verloren.«

Nur darf man nicht den Fehler machen, diese Zusammenhänge als simple Ursache-Wirkung-Beziehungen zu sehen, wie sie uns im Alltag häufig begegnen. Im Normalfall bewirkt der Schlag eines Schmetterlingsflügels nämlich gar nichts. Lorenz selbst stellt in seinem Vortrag diese Dinge auch erst einmal klar: »Wenn ein einzelner Schlag eines Schmetterlingsflügels eine Rolle bei der Entstehung eines Tornados spielen kann, dann gilt dies ebenso für alle vorherigen und alle weiteren Flügelschläge dieses Schmetterlings, ebenso wie für die Flügelschläge von Millionen anderer Schmetterlinge, zu schweigen von den Aktivitäten unzähliger mächtigerer Lebewesen, einschließlich unserer eigenen Art.« Und zum Zweiten: »Wenn der Schlag eines Schmetterlingsflügels zur Entstehung eines Tornados beitragen kann, kann er auch dazu beitragen, einen Tornado zu verhindern.«

Auf lange Sicht, so Lorenz, werden solche winzigen Störungen wie Schmetterlingsflügelschläge große Wetterereignisse wie Tornados weder wahrscheinlicher noch unwahrscheinlicher machen. Die interessante Frage sei aber die: Gesetzt den Fall, wir hätten zwei identische Wettersysteme, die sich nur um die Winzigkeit eines Schmetterlingsflügelschlags unterscheiden – könnten sich diese beiden Systeme derart auseinanderentwickeln, dass das eine zu einem Tornado führen würde und das andere nicht?

Die Chaosforschung hat die Frage beantwortet. Solche komplexen Systeme lassen sich nicht mit ein paar Differenzialgleichungen darstellen. Wir können nicht den Weg jedes einzelnen Moleküls berechnen. Und dynamische Systeme (dazu gehört vieles in der Natur und praktisch alles, was der Mensch so treibt) werden weniger durch ihre Ausgangsbedingungen definiert als durch ihre Rahmenbedingungen. Kleine Ereignisse neutralisieren sich gegenseitig, bleiben folgenlos wie das Flattern eines Schmetterlings an einem Sommertag. Wenn allerdings ein System ohnehin auf der

Kippe steht, dann genügen ein paar kräftige Stöße, um alles zu verändern. Aber auch die müssen eine andere Größenordnung haben als ein Schmetterling. Die populäre Vorstellung, dass jede noch so kleine Handlung immer irgendwelche Folgen hat, ist schlicht falsch.

Als Metapher allerdings ist der Schmetterlingssatz nach wie vor großartig. Am besten fährt man wohl, wenn man ihn ironisch verwendet, mit einem gewissen Augenzwinkern, dann ist man auf der sicheren Seite. Die *Süddeutsche Zeitung* etwa erklärte einmal sehr einleuchtend, wie ein russischer Staatsbesuch in Slowenien sich auf das Reiseverhalten bayerischer Urlauber auswirken kann: »Chaostheoretiker könnten da jetzt ihre Standardfrage stellen, nämlich ob der Flügelschlag eines Schmetterlings in Brasilien einen Tornado in Texas nach sich ziehen kann. Aber bei allem Respekt: Brasilien und Texas spielen in den bayerischen Sommerferien allenfalls untergeordnete Rollen. Für ein Chaos auf Bayerns Autobahnen wird es dagegen nicht einmal einen Schmetterling in der Gorenjska brauchen, wenn die Slowenen am Samstag wegen Putin wirklich den Karawankentunnel sperren. Dann wird der Flügelschlag eines Hubschraubers am Vršič-Pass zur Folge haben, dass mehr als 500 Autobahnkilometer weiter nördlich in Nürnberg die Urlauber statt der A 9 besser die A 3 nehmen und irgendwann später über Graz und Maribor fahren, wenn sie nach Kroatien wollen. Und wen es an die norditalienische Adria zieht, der könnte am Inntaldreieck zum Brenner abbiegen und Putin dann via Verona umfahren.«

Manchmal hängt eben doch alles mit allem zusammen. Das ahnten wir zwar immer schon. Aber ohne Edward N. Lorenz und seinen Schmetterling könnten wir es nicht so schön ausdrücken.

Anmerkungen:

Anmerkung zum Wahrheitsgehalt: Die Willkür bei der Auswahl der Orte und der Sturmtypen ändert natürlich im Prinzip nichts an der Gültigkeit der Aussage, deren Kern ich mit 60 Prozent ansetze. Doch selbst wenn der Satz korrekt zitiert wird, mit dem Schmetterling in Brasilien und dem Tornado in Texas, machen die meisten immer noch den Fehler, ihn als Aussage zu bringen und nicht, wie Lorenz, als Frage – was ein gewaltiger Unterschied ist.

Der Originalartikel: Edward N. Lorenz: »Predictability. Does the Flap of a Butterfly's Wings in Brazil Set Off a Tornado in Texas?« Auf: http://gymportalen. dk/sites/lru.dk/files/lru/132_kap6_lorenz_artikel_the_butterfly_effect.pdf.

Zum Hintergrund zu Lorenz' Forschungen siehe z. B.: Stefan Klein: *Alles Zufall. Die Kraft, die unser Leben bestimmt.* Rowohlt 2004, S. 64–67; Peter Richter: »Edward Lorenz, stiller Revolutionär«. In: *Die Zeit,* 8.1.2009.

Lorenz' erste große Veröffentlichung zur Chaosforschung: Edward Lorenz: »Deterministic Nonperiodic Flow«. In: *Journal of the Atmospheric Sciences* Vol. 20, 1963, S. 130–141.

Schmetterling statt Möwe: Bettina Kümmerling-Meibauer: *Was wäre wenn … Der Schmetterlingseffekt als filmdidaktische Herausforderung.* In: Matthias Lorenz: *Film im Literaturunterricht. Von der Frühgeschichte des Kinos bis zum Symmedium Computer.* Fillibach Verlag 2010, S. 231 f. Andere, wie der 2015 verstorbene Bremer Chaosforscher Peter Richter, sind der Meinung, Lorenz sei durch die Ähnlichkeit des später nach ihm benannten Lorenz-Attraktors (die grafische Darstellung der chaotischen Bewegung eines Punktes) mit einem Schmetterling auf die Idee gekommen, statt der Möwe den Schmetterling zu nehmen (Peter Richter: »Edward Lorenz, stiller Revolutionär«. In: *Die Zeit,* 8.1.2009).

Die Geschichte von der Zeitreise: Ray Bradbury: *Ferner Donner.* In: Ray Bradbury: *Geh nicht zu Fuß durch stille Straßen. Erzählungen.* Marion von Schröder Verlag 1970 (spätere Ausgaben erschienen bei Diogenes unter dem Titel *Die goldenen Äpfel der Sonne*), S. 114–128.

For Want of a Nail: Übersetzung von mir, MR.

Putin und die Urlauber: Matthias Köpf: »Schöne Ferien mit Putin«. In: *Süddeutsche Zeitung,* 28.7.2016.

Nachweise für die Tabelle:

Greschik 1998: Stefan Greschik: *Das Chaos und seine Ordnung*. dtv 1998, Umschlagtext und S. 10.

Buchanan 2001: Mark Buchanan: *Das Sandkorn, das die Erde zum Beben bringt*. Campus Verlag 2001, S. 29.

Gleick 1998: James Gleick: *Chaos – die Ordnung des Universums*. Droemer Knaur 1988, S. 19.

Castro 2003: Arthur Castro: »Der Flügelschlag der Ente«. In: *Berliner Zeitung*, 28.11.2003.

Klein 2004: Stefan Klein: *Alles Zufall. Die Kraft, die unser Leben bestimmt*. Rowohlt 2004, S. 64.

Schmitz 2005: Schmitz Gargobull AG, Horsten, Prospekt Nr. 290/10-05-DP.

Fischer 2006: Ernst Peter Fischer: *Einstein, Hawking, Singh & Co*. Fischer Taschenbuch 2006, S. 178.

Wingert 2007: Erdmann Wingert, Blogbeitrag auf autoren-reporter.de, abgerufen am 30.5.2017.

Lossau 2008: Norbert Lossau In: *Die Welt*, 18.4.2008.

Klohr 2015: Markus Klohr: »Der Flügelschlag des Kreiskämmerers«. In: *Stuttgarter Zeitung*, 18.1.2015.

Melzer 2016: Jan Melzer: »Wie das Thema Flüchtlinge uns verändert«. In: *Hamburger Abendblatt*, 2.11.2016.

»Die Garde stirbt,
aber sie ergibt sich nicht.«

Pierre Cambronne

Wahrheitsgehalt: 0 Prozent
Art der Verfälschung: Zuschreibung
Kreativitätsgrad: ✳ ✳ ✳
Urheber der Zuschreibung: div. Zeitungsberichte, Juni 1815;
Victor Hugo, 1862
Urheber des Satzes: wahrscheinl. Claude-Étienne Michel, 1815

Was Cambronne wirklich gesagt hat:

*»Ich kann das gar nicht gesagt haben, schließlich bin ich
nicht gestorben, und ich habe mich ergeben.«*

Dieser Satz ist ein Phänomen: Sein vermeintlicher Urheber hat immer abgestritten, ihn gesagt zu haben. Ein anderer dagegen hat ihn wahrscheinlich gesagt (und starb dabei), was seine Söhne sogar vor Gericht anerkannt haben wollten, womit sie aber scheiterten. Und die Zeitung, die die Geschichte erfunden hatte, gab das später achselzuckend zu, aber das änderte auch nichts mehr. Denn da war auch noch dieser berühmte Schriftsteller, der mit unglaublichem Pathos … aber der Reihe nach.

18. Juni 1815, die Schlacht von Waterloo. Der Mann, um den es geht, Pierre Jacques Étienne Cambronne, war einer der treuesten und erfolgreichsten Offiziere Napoleons: in allen Kriegen dabei, mehrmals verwundet, auch während des Exils auf Elba an Napoleons Seite, dann Organisator der zunächst riskanten und zunehmend triumphalen Rückkehr nach Paris im März 1815. Und bei der Schlacht von Waterloo, als es wirklich um alles ging, war er einer der Kommandanten der Kaiserlichen Garde, der Elitetruppe, die Napoleon selbst gegründet und mit der er schon viele Schlachten entschieden hatte. Die Legende geht jedenfalls so: Abends gegen sieben, als endgültig klar wird, dass nicht die Verstärkung der Franzosen, sondern die Preußen das Feld erreicht haben und die Schlacht somit verloren ist, halten nur die letzten Formationen der Alten Garde noch die Stellung. Die Engländer fordern sie zur Kapitulation auf – aber General Cambronne, der alte Haudegen, schleudert dem Engländer wütend sein »*La garde meurt et ne se rend pas!*« entgegen.

Jedenfalls war das die Version, die einige Tage nach der Schlacht (schneller ging es damals nicht) in den Pariser Zeitungen stand, im *Journal général de France*, im *Le Patriote de 89* und anderen. Die Blätter berichteten übereinstimmend, die Kaiserliche Garde sei komplett aufgerieben worden und Cambronne gefallen; vorher aber habe er noch den berühmten Satz gesagt.

In Wahrheit wurde Cambronne am Kopf verwundet, blieb ohnmächtig auf dem Schlachtfeld liegen und geriet in englische Gefangenschaft. Und laut Historikern wie Marian Füssel von der Universität Göttingen kann er den Satz schon deswegen nicht gesagt haben, weil die Garde ebenso wie die restliche französische Armee spätestens seit etwa sieben, acht Uhr abends sich in völliger Auflösung befand und zumindest für Teile der Garde Befehle zum Rückzug belegt sind (»*la garde recule*«/die Garde zieht sich zurück – »*sauve qui peut*«/ rette sich, wer kann). Aber das wurde in Paris erst im Lauf der nächsten Tage und Wochen bekannt. Einig sind sich die Historiker dennoch, dass, während der Großteil der Garde unter dem Druck der Engländer floh, einige Teile tatsächlich standhielten – was zu dem Satz führte, den Cambronne zwar nicht gesagt hatte, der aber das Geschehen gut zusammenfasste.

Einige Zeit später setzte ein Streit darüber ein, wie sehr denn die Geschichte überhaupt der Wahrheit entspreche. Es kam heraus, dass der Artikel im *Journal général de France* vom 24. Juni 1815 (er war nicht namentlich gekennzeichnet) von einem Journalist namens Michel-Nicolas Balisson de Rougemont stammte – der aber war bereits gestorben, als sein Name enthüllt wurde, und konnte sich nicht mehr äußern. Es wurde deshalb nie klar, auf welche Quellen er sich beim Verfassen des Artikels gestützt hatte. Als die Redaktion 1818 mit dem Vorwurf konfrontiert wurde, Balisson habe den Ausspruch (oder zumindest die Rolle Cambronnes) möglicherweise einfach erfunden, gab es eine verblüffende Reaktion: Kann schon sein, hieß es sinngemäß, die Darstellung sei vielleicht nicht im ganz strengen Sinn korrekt, aber im Prinzip schon, und überhaupt entspreche diese Haltung doch nur der Tradition und dem Selbstverständnis der Alten Garde.

Einen weiteren Dreh bekam die Geschichte nach Cambronnes Tod. Als seine Heimatstadt Nantes ihm ein Denkmal errichten wollte, auf dessen Sockel natürlich der berühmte Satz stehen sollte, protestierten die Söhne eines anderen napoleonischen Offiziers: des in Waterloo gefallenen Claude-Étienne Michel, wie Cambronne ein altgedienter General und Kommandeur der Alten Garde. Michels Einheit war am Nachmittag an einem der Angriffe auf das hart umkämpfte Gehöft *La Haye Sainte* beteiligt gewesen und wurde dabei fast komplett vernichtet; auch Michel starb. Die Michel-Söhne boten mehrere Zeugen auf, dass die Geschichte sich so zugetragen hatte, und viele zeitgenössische Historiker folgten ihnen darin. Vor allem war ja unstrittig, dass Cambronne eben nicht gefallen, sondern von den Engländern gefangen genommen worden war. Jedoch: Alles vergebens, Cambronnes Denkmal bekam die umstrittene Inschrift. Und die trägt sie heute noch.

Wiederum eine neue Dynamik bekam das Ganze durch Victor Hugo, der in seinem Roman *Les Misérables* von 1862 mehrere lange Kapitel dem Aufstieg und Fall Napoleons und der Schlacht bei Waterloo widmet. Hugo berauscht sich regelrecht an Cambronnes Heldentum: »Der Mann, der die Schlacht bei Waterloo gewann, ist Cambronne«, schreibt er; »mit einem solchen Wort den Blitz gegen den Donner schleudern, der einen tötet, das heißt siegen.«

Aber warum hat diese Geschichte überhaupt so eine Bedeutung bekommen? Ganz einfach, Waterloo ist ein französisches Trauma. Napoleons Niederlage beendete ja nicht nur eine Diktatur, sondern auch eine Zeit, von der sich viele Menschen dennoch eine bessere Zukunft erhofft hatten. Das war nun vorbei, die Hoffnung zerstoben, und das symbolhafte Bild dafür war die Niederlage der Grande Armée und ihrer Elitetruppe. Der britische Historiker John Keegan meint: »Die Metamorphose der Garde in eine demoralisierte Masse, das Splittern ihrer Solidarität, das Erlöschen ihres Kampfgeistes, das Umspringen ihrer Motivation in eine Haltung des Rette-sich-wer-kann ließ mindestens so deutlich wie irgendein anderes Zeichen erkennen, dass die Macht wieder in die Hände der früheren Herren zurückfiel.«

Wie die Historikerin Anuschka Albertz in einer viel beachteten Studie darlegte, wurde die Niederlage bei Waterloo und die Aufopferung der französischen Soldaten rasch in Bezug zur Schlacht bei den Thermopylen gesetzt, wo der Spartanerführer Leonidas sich gegen das Heer des Perserkönigs Xerxes aufgeopfert hatte. Dadurch sei die Schlacht von

Waterloo sofort in einen historischen Bezugsrahmen gesetzt worden, Cambronne mit Leonidas verglichen und zum Helden erklärt. Tatsächlich, so wiederum Marian Füssel, habe der Satz des Cambronne eine »ungeheure erinnerungskulturelle Dynamik« entfaltet, »für dessen Wirkmächtigkeit es keine Rolle spielt, dass Cambronne sich Oberst Hew Halkett, Kommandant der 3. Hannoverschen Brigade, bereits ergeben hatte, bevor er und seine Männer den Heldentod hätten finden können«. Und so wurde der Satz unverzichtbar bei der Ausgestaltung dessen, was der Historiker Wolfgang Schivelbusch eine »Kultur der Niederlage« nannte: Wenn schon verloren, dann wenigstens tapfer bis in den Tod. Der britische Autor Stephen Clarke schrieb sogar ein Buch mit dem Titel *Wie die Franzosen Waterloo gewannen (oder sich das zumindest einbildeten).* Spott also gibt es genug, und umso dringender brauchten die Franzosen bei dem Ganzen ihre Portion Pathos.

Im deutschen Sprachraum verbreitete sich die Geschichte zunächst unter anderem durch einen Artikel in der Zeitschrift *Die Gartenlaube* im Jahr 1855, die sie brav nacherzählte. Aber dieses Pathos schrie natürlich auch nach Widerspruch, nach Subversion und Ironisierung. Als seit Kaiser Wilhelms Zeiten die Antike und speziell das militärische Heldentum zunehmend idealisiert wurden, nahmen sich die Satiriker auch diese Geschichte häufiger vor. Kurt Tucholsky machte sich in einem hübschen Text darüber lustig; er bezeichnete Cambronne als den, »der damals in der Schlacht von Waterloo nicht gesagt hat wie im Heldengedicht: ›Die Garde stirbt, doch sie ergibt sich nicht!‹ – sondern er sagte nur schlicht: ›Merde!‹« In Tucholskys Text sitzen Cambronne und Götz von Berlichingen (»die Nationalheiligen zweier Völker«) im Café und unterhalten sich über Politik und Eliten ihrer Ländern – und während Cambronne jeweils »Merde!« sagt, besteht Götzens Antwort immer nur aus den drei Pünktchen …

Ein paar Jahrzehnte später gibt es in *Asterix bei den Belgiern* eine Szene, in der die Belgier die unterlegenen römischen Legionäre zur Kapitulation auffordern – worauf deren Kommandant, ein Zenturio, gemäß seinem Berufsethos antwortet: »Die Garde stirbt, aber sie ergibt sich nicht.« Seine Legionäre aber sehen das anders und erwidern: »Und ob die sich ergibt!« Und noch einen Schritt weiter ist der korsische Dorfälteste in *Asterix auf Korsika*, der den Kampf der Dörfler gegen die römischen Besatzer kurz und knapp für beendet erklärt: »Die Garde ergibt sich, aber sie stirbt nicht.«

So bleibt dieser Satz ein wunderbares Beispiel dafür, wie ein Zitat sich den passenden Urheber gesucht und gefunden hat. Die Schlacht von Waterloo war verloren, da wollte man wenigstens einen moralischen Sieg einfahren. Und als der Name Cambronne einmal in der Welt war, war es nicht mehr zu ändern. »Dass der Satz nach seiner Enthüllung als Erfindung der Presse dennoch präsent blieb«, resümiert Anuschka Albertz, »weist darauf hin, dass er zumindest teilweise die Haltung des napoleonischen Offizierskorps angemessen charakterisierte.« Mit anderen Worten: Der Satz ist zu gut erfunden, um nicht wahr zu sein.

Anmerkungen:

Ich kann das gar nicht gesagt haben: Anuschka Albertz: *Exemplarisches Heldentum. Die Rezeptionsgeschichte der Schlacht an den Thermopylen von der Antike bis zur Gegenwart.* Oldenbourg Verlag 2006, S. 183; siehe auch: Stephen Clarke: *How The French Won Waterloo (Or Think They Did).* Arrow Books 2016 (zitiert nach: wikipedia.org/wiki/Pierre_Cambronne).

Nach einer anderen Version soll Cambronne schlicht ausgerufen haben: »Merde!« (Scheiße!), und so ist der Begriff als »Mot de Cambronne« in Frankreich bekannt, ähnlich dem »Götz-Zitat« bei uns (siehe auch die Anmerkung unten zu Tucholsky).

Der Artikel aus der Gartenlaube: »Die Garde stirbt, aber sie ergiebt sich nicht.« In: *Die Gartenlaube* 39, 1855, S. 521.

Die Rolle Cambronnes in Waterloo und die öffentliche Wahrnehmung: Albertz, a. a. O., S. 179–192.

Der Journalist B. de Rougemont hat den Ausdruck geprägt: Albertz, a. a. O., S. 183; siehe auch fr.wikipedia.org/wiki/Pierre_Cambronne.

Cambronne wurde von den Zeitungen zunächst für tot erklärt: Albertz, a. a. O., S. 180.

Cambronne kann es nicht gesagt haben: Marian Füssel: *Waterloo 1815.* C. H. Beck 2015, S. 79.

Die Verklärung Cambronnes durch Victor Hugo: Victor Hugo: *Die Elenden.* dtv 2000 (Ausgabe v. 1983), S. 366–424; und speziell zu Cambronne und der Garde S. 398–407.

Erinnerungskulturelle Dynamik: Füssel, a. a. O., S. 79.

Die Metamorphose der Garde in eine demoralisierte Masse: John Keegan: *Das Antlitz des Krieges.* Zitiert nach Füssel, a. a. O., S. 80.

Tucholsky über Cambronne und Götz: Kurt Tucholsky: *Duo, dreistimmig.* In: *Die Weltbühne* 51, 22.12.1925, S. 956.

In Wahrheit war es der General Michel: Emile M. de Saint-Hilaire: *Histoire anecdotique, politique et militaire de la Garde impériale.* Verlag Penaud, 1845; Charles Mullié: *Biographie des célébrités militaires des armées de terre et de mer de 1789 à 1850*, Poignavant et Compagnie, 1852 ; siehe auch Albertz, a. a. O., S. 184.

»Fußball ist wie Schach, nur ohne Würfel.«

Lukas Podolski

Wahrheitsgehalt: 0 Prozent
Art der Verfälschung: Erfindung, Zuschreibung
Kreativitätsgrad: ✻ ✻ ✻ ✻ ✻
Urheber: Jan Böhmermann, 2005

Ein Satz über Fußball,
den Podolski wirklich gesagt hat:

»So ist Fußball. Manchmal gewinnt der Bessere.«

In Wahrheit soll es sogar so gewesen sein: Skat, nicht Schach, soll Podolski gesagt haben; Fußball sei wie Skat, nur ohne Würfel. So jedenfalls erzählte es der Sportjournalist und Podolski-Biograf Michael Schophaus (»Ich mach das Ding rein und fertig«) kürzlich in bierseliger Runde. Aber natürlich war auch das wieder total frei erfunden und damit das Ganze nur noch mal eine Runde weitergedreht – so blöd ist Lukas Podolski nicht, dass er nicht wüsste, dass man weder zum Schach noch zum Skat Würfel braucht.

Nein, auch wenn manche Menschen Fußballern jeden Unsinn zutrauen: Das Zitat ist frei erfunden. Es stammt aus »Lukas' Tagebuch«, einer Satire aus der sehr frühen Frühphase von Jan Böhmermann. Böhmermann hat sich ja später durchaus Verdienste erworben, zum Beispiel als im Gefolge seines Erdoğan-Schmähgedichts herauskam, dass Deutschland immer noch einen Majestätsbeleidigungsparagrafen besitzt, was bis dahin niemand gewusst hatte – und inzwischen traut man ihm jede Art von Skandal zu, so als sei er die versteckte Kamera des kollektiven Unbewussten. Aber über die sogenannte Satire des sogenannten Tagebuchs müssen wir leider das Schweigen des Mantels breiten. Ein pubertäres Machwerk. Außer, dass es diesen wunderbaren Satz hervorgebracht hat.

Übrigens werden Fußballer oft zu Unrecht für ihre Sprüche gescholten. So musste etwa der Stürmer Jürgen Wegmann, der in den achtziger Jahren für Rot-Weiß Essen, Borussia Dortmund und den FC Bayern München aktiv war, viel Häme einstecken für den schönen Satz: »Erst hatten wir kein Glück, und dann kam noch Pech dazu.« Von einem Reporter darauf angesprochen, erläuterte Wegmann sehr einleuchtend, dass es durchaus einen Unterschied mache, ob jemandem bei seinen Bemühungen nicht nur kein Glück beschieden sei (etwa wenn der Ball an den Pfosten geht) oder ob einen dazu aktiv das Pech ereile (etwa der Platzverweis eines wichtigen Spielers) – bewege sich doch der Großteil eines Fußballspiels im Bereich zwischen diesen beiden Extremen, wo man sein Schicksal durchaus selbst in der Hand habe. Soweit Herr Wegmann; man hüte sich also davor, Fußballern allzu viel geistige Schlichtheit zu unterstellen.

Was wiederum Lukas Podolski angeht, so ist der nicht nur ein klasse Fußballer, sondern auch ein freundlicher Mensch und durchaus mit Selbstironie begabt. So spielte er einmal in einem Werbespot mit, in dem zwei alte Damen seinen Weg durch den Supermarkt verfolgen und darüber rätseln, woher sie den wohl kennen. Aus dem Fernsehen, klar, aber woher genau? »Jetzt weiß ich's«, flüstert die eine am Ende triumphierend zur anderen, »das ist doch dieser berühmte Tennisspieler!« Und Podolski winkt huldvoll lächelnd.

Außer seinem Humor verfügt Podolski über eine Lakonie, die von Sportjournalisten und Fans gleichermaßen geschätzt wird. So haben manche der von ihm stammenden (oder ihm zugeschriebenen) Sätze eine Aura des Zeitlosen und Unergründlichen und als solche fraglos das Zeug zum Klassiker: »So ist Fußball. Manchmal gewinnt der Bessere.« – ein Ausspruch von schillernder Zweideutigkeit. Oder seine Antwort auf die Frage nach einem 1:1-Unentschieden, zu dem er das Tor beigesteuert hatte, ob er enttäuscht sei oder sich eher über das Tor freue: »Es überwiegt eigentlich beides!« Manchmal spielt auch das Schicksal mit. So bei dieser offiziellen Pressemitteilung, die der DFB am 11.11.2011 (!) nach einem 3:3-Länderspiel gegen die Ukraine veröffentlichte: »Lukas Podolski: Das Positive ist, dass wir die Partie noch gedreht haben. Am Ende haben wir gegen 15 oder 20 tapfere Ukrainer gekämpft, die alles gegeben haben. Negativ war, dass wir zu viele Konter zugelassen haben.« Hier ist alles drin, was Podolskis Sprachkunst ausmacht: präzise Analyse (negativ/positiv), stilistische Übertreibung (»15 bis 20 Spieler«), metaphorische Überhöhung (»tapfere Ukrainer«). Deshalb ist es kein Wunder, dass Podolski auch immer wieder Aussprüche zugeschrieben werden, die er in Wahrheit gar nicht getan hat. Es gibt nur einen Fußballer, dem noch mehr Zitate fälschlich zugeschrieben werden als Podolski: Lothar Matthäus. Aber der klagt immer gleich auf Unterlassung, das macht keinen Spaß.

Das Schach-Zitat hat sich unterdessen längst selbstständig gemacht. »Hat Lukas Podolski endlich die Würfel gefunden?«, fragte der *11-Freunde*-Liveticker beim legendären 7:1 gegen Brasilien im WM-Halbfinale 2014, um dann fortzufahren: »Die Deutschen spielen Schach in Vollendung: Khedira, Lahm, Schürrle, drin. Das sechste Tor. Wäre ich Brasilianer, würde ich hindurchgehen, durch dieses sechste Tor, im Vertrauen, dass es auf der anderen Seite auch nicht viel schlimmer sein kann.« Wer durch ein Zitat, das er nicht mal selbst erfunden hat, andere Menschen zu solch poetischen Sätzen inspiriert, der darf schon stolz sein.

Nein, kein Zweifel: Der Satz wird uns erhalten bleiben. Er hat Größe, er hat Witz. Er hat, um den Bogen ein bisschen weiter zu spannen, alle Qualitäten eines Kōans. Kōans sind Sentenzen aus der Tradition des Zen-Buddhismus, die bei oberflächlicher Betrachtung paradox oder sinnlos wirken, in Wahrheit aber eine nicht auszulotende philosophische Tiefe besitzen. Und es kann natürlich kein Zufall sein, dass eine der berühmtesten Kōan-Sammlungen, das *Buch des Gleichmuts* aus dem 12. Jahrhundert, voller Anspielungen auf den modernen Fußball ist. Schon der Titel scheint ja direkt auf Podolskis Temperament zu verweisen. Und im Inneren wird es immer verblüffender: So gibt es ein Kōan namens »Guteis einer Finger« – eindeutig eine Anspielung auf Podolskis berühmte Jubelgeste mit dem gen Himmel gereckten Zeigefinger, mit dem er im November 2009 den kurz zuvor gestorbenen Robert Enke ehrte. Es gibt weiterhin das Kōan »Unmons Weiß und Schwarz«, was natürlich auf die Farben der DFB-Elf hinweist, mit der Podolski seinen größten Triumph feierte, den WM-Titel; es gibt das Kōan »Tozans Platz, an dem kein Gras wächst«, was fraglos den Elfmeterpunkt meint, von dem aus Podolski meist gnadenlos effektiv ist; und es gibt schließlich die beiden Kōans »Roso stellt sich der Wand« und »Rinzai zieht eine Linie«; beides unverkennbare Anspielungen auf die Situation des Schützen beim Freistoß, ebenfalls eine von Podolskis Stärken.

Und kann es Zufall sein, dass Podolski seine Karriere in Japan (!) ausklingen lässt? Natürlich nicht. Fußball ist wie Schach, nur ohne Würfel. Der Satz ist reines Zen. Podolski sollte ihn adoptieren.

Anmerkungen:

So ist Fußball. Manchmal gewinnt der Bessere: Lukas Podolski nach der 0:2-Niederlage gegen Italien im WM-Halbfinale 2006. Der Satz wurde von der Deutschen Akademie für Fußballkultur zum »Fußballspruch des Jahres 2006« gekürt. Auf: www.fussball-kultur.org/fussball-kulturpreis/hall-of-fame/fussball-spruch-des-jahres.

M. Schophaus/J. Schmidt-Terhorst/R. Durry: *Ich mach das Ding rein und fertig. Warum der deutsche Fußball Lukas Podolski braucht*. Heyne Verlag 2006.

Der Rewe-Spot: Auf: youtube.com/watch?v=2s2HlhdZDEA.

15 oder 20 tapfere Ukrainer: Pressemitteilung des DFB vom 11.11.2011, 22.53 Uhr.

Der 11-Freunde-Liveticker beim 7:1 gegen Brasilien: Auf: www.11freunde.de/liveticker/best-2014-brasilien-deutschland-im-liveticker.

»Hier stehe ich,
ich kann nicht anders.«

Martin Luther

Wahrheitsgehalt: 50 Prozent
Art der Verfälschung: nachträgl. Zuschreibung
Kreativitätsgrad: ✳ ✳ ✳
Urheber: unbekannt
Zeitpunkt: 1546, kurz nach Luthers Tod

Ein Satz über Unbeirrbarkeit,
den Luther wirklich gesagt hat:

»Wo Christus ist, geht er allzeit wider den Strom.«

Unter den vielen Aktionen zum Luther-Jahr 2017 war es eine der originelleren. Aktivisten der Jugendkirche Düsseldorf hatten Kondompackungen mit verschiedenen Luther-Sprüchen bedrucken lassen, als bescheidenen Beitrag zum Kampf gegen Überbevölkerung und Humorlosigkeit. Darunter, so naheliegend wie witzig: »Hier stehe ich, ich kann nicht anders.« Doch der Kirchenleitung war so viel Originalität nicht geheuer, die Aktion wurde gestoppt. Begründung, unter anderem: Die Sprüche seien sexistisch und verletzten die Würde von Frauen und Männern gleichermaßen.

Luther hätte über solche Bedenkenträgerei nur verächtlich geschnaubt, der Mann war kommunikationstechnisch eher ein Grobmotoriker. Deshalb waren die Zeitgenossen von diesem dramatischen Leben auch so fasziniert: Junger Mann aus gutem Haus, Karriereplan Rechtsgelehrter, erlebt ein Erweckungsereignis, wird erst Mönch, dann Priester und Gelehrter, verfasst aufrührerische Schriften, stellt sich gegen Kaiser und Papst, wird geächtet, verschwindet von der Bildfläche und bringt im Jahr darauf seine berühmte Bibelübersetzung heraus; später würde er sogar den Zölibat missachten und eine entflohene Nonne heiraten. Das rockte richtig. Eher ungewollt stieß der Mann damit eine der großen historischen Entwicklungen des Abendlandes an, die Spaltung der Kirche, mit politischen Umwälzungen bis hin zum Dreißigjährigen Krieg. Und auch wenn das ganze Ausmaß erst rückblickend sichtbar wurde – die Wucht, die dahinterstand, war schon damals spürbar.

Das Ereignis, in dem sich die Konfrontation am stärksten zuspitzte, war Luthers Auftritt vor dem Reichstag in Worms 1521. Seine 95 Thesen, in denen er wortreich vor allem den Ablasshandel kritisierte, hatte er 1517 – nein, nicht an die Tür der Schlosskirche genagelt – an verschiedene Theologen und vor allem direkt an den Erzbischof von Magdeburg geschickt, damit sie auf keinen Fall ignoriert werden konnten. Es folgte ein jahrelanges Hickhack: theologische Gutachten, Erwiderungen, Anhörungen, Streitgespräche. Mehrmals weigerte sich Luther, von seinen Thesen abzurücken. Die Verordnung des Papstes, mit der dieser ihm die Exkommunikation androhte, verbrannte er im Dezember 1520 öffentlich. Mehr Provokation ging nicht. Seinen Ausschluss aus der Kirche (und als Folge der damaligen Rechtsordnung auch die vollständige weltliche und zivilrechtliche Ächtung) hatte er damit selbst herbeigeführt. Dass er überhaupt in Worms noch ein letztes Mal gehört werden sollte, verdankte er mächtigen Fürsprechern wie dem Kurfürst von Sachsen, genannt Friedrich der Weise. Als Luther am 16. April in Worms einzog, standen 2000 Menschen am Straßenrand, um ihm zuzujubeln.

Für die Behörden war die Geschichte nicht unheikel. Rein juristisch gesehen, war dieser durchgeknallte Mönch nur eine Formsache – die Kirche hatte ihn ausgeschlossen, und wenn er jetzt nicht von seinem Standpunkt abrückte, verlor er auch alle Rechte als Reichsbürger. Fertig. Doch genau diesen Automatismus wollten Luthers Unterstützer aushebeln. Die Koordinaten der Macht begannen sich gerade zu verschieben; in diesem merkwürdigen Heiligen Römischen Reich deutscher

Nation, das Karl V. kurz zuvor übernommen hatte, knirschte es an allen Ecken und Enden. Die Reformationsbewegung war nur eines von vielen Problemen, mit denen sich der junge Kaiser herumschlagen musste.

Luthers Verteidigung folgte einer klaren Linie: Er berief sich immer wieder auf die Bibel und verlangte, man solle ihn durch die Heilige Schrift widerlegen. Der Ankläger forderte jedoch ein einfaches Ja oder Nein auf die Frage, ob er seine Schriften widerrufen wolle. Mit anderen Worten: Luther wollte auf der inhaltlichen Ebene verhandeln, die Machtseite verlangte eine Unterwerfung. Was nur folgerichtig war, denn Luther stellte ja gerade die Deutungshoheit der Kirche frontal infrage.

Der Ausgang der Geschichte ist bekannt: Luther blieb standhaft. Und deshalb stellt sich die Frage: Hat er am Ende tatsächlich gesagt: »Hier stehe ich, ich kann nicht anders. Gott helfe mir, Amen.«? Oder eben nur: »Gott helfe mir, Amen.« – was der seinerzeit übliche Schlusssatz bei solchen Aussagen war?

Luthers Auftritt in Worms war die Pressesensation jener Zeit, eines der ersten massenmedialen Ereignisse der Geschichte. Schon unmittelbar danach erschienen mehrere Flugschriften, die von dem Ereignis berichteten. Doch in den allermeisten jener Flugschriften (24 von 27) und vor allem auch in den handschriftlichen Aufzeichnungen der verschiedenen Prozessbeobachter findet sich der berühmte Satz nicht. Der Tübinger Theologe Karl Müller hat 1907 in einer un-

glaublich akribischen und ausführlichen Arbeit die Original-
quellen untersucht und hinsichtlich ihrer Glaubwürdigkeit
(zum Beispiel nach inhaltlichen Unstimmigkeiten, nach
Schreib- und Übertragungsfehlern) gegeneinander abgewo-
gen. Er kommt zu dem Schluss, dass Luther den Satz im
Verhör in Worms nicht gesagt hat.

Dafür kann man nachvollziehen, wann der Satz auftauchte und warum er so berühmt wurde. Er findet sich bereits in
der ersten Gesamtausgabe von Luthers Werken, die 1546, kurz
nach seinem Tod, in Wittenberg erschien. Gut möglich, dass
diese noch zu Luthers Lebzeiten vorbereitet und der Satz damals
schon hineinredigiert wurde – ob mit oder ohne Wissen Luthers, ist nach Müller zweitrangig, weil es für Luther selbst
wohl keine große Rolle gespielt habe: »Er hat jedenfalls seinem
Schlußwort mit anderen Empfindungen gegenüber gestanden
als wir und die ältere protestantische Überlieferung. Für ihn
war es der einfache Schluß seiner Antwort; für uns ist es ein
Helden- und Schlagwort geworden.« Sobald aber die Formulierung einmal in der Welt war, so Müller, blieb sie auch: »Von
da ist sie in alle anderen Ausgaben der Werke übergegangen
und hat dadurch die Überlieferung vollkommen erobert.« Der
Satz ist natürlich in dramaturgischer Hinsicht sehr sinnvoll; er
verstärkt die Wirkung der ganzen Rede, indem er vor der
Anrufung von Gottes Beistand noch einmal die Lage des
Menschen beschwört, der nur seinem Schicksal folgt. Wahrscheinlich ist das der Grund, der auch die kleine Minderheit
der Flugschriften-Autoren bereits dazu bewogen hatte, ihn an
das, was Luther tatsächlich gesagt hat, anzuhängen.

Jedenfalls wurde »Hier stehe ich …« schnell zum Symbol für die Standfestigkeit des Reformators – und für alle, die in seinem Geist zu handeln glaubten. »Hier stehe ich. Kann ich anders?«, kommentierte die *Süddeutsche Zeitung* im Januar 2016 Angela Merkels Haltung in der Flüchtlingskrise. Und fuhr fort: »Merkel ist Pastorentochter; mit dem Luther-Lied ›Eine feste Burg ist unser Gott‹ ist sie groß geworden. Sie weiß, dass das keine nationalistische Hymne, kein Festungs-lied ist, sondern ein Anti-Angst-Lied der Geschlagenen, die keinen Helfer haben außer Gott. Sie wird in den nächsten Wochen diesen ihren Luther im Kopf haben und auch seinen Satz: Hier stehe ich, ich kann nicht anders, Gott helfe mir, Amen.«

Es gibt noch einen interessanten Aspekt an der Sache. Die Worte, die Luther im späteren Verlauf tatsächlich sprach, als über ihn wie erwartet die Reichsacht verhängt wurde, sind in gewisser Hinsicht viel stärker: »Ist die Sache aus den Men-schen, so wird sie untergehen, ist sie aber aus Gott, so werdet Ihr sie nicht dämpfen können.« Soll heißen: Entweder wir sprechen hier über eine Frage der Wahrnehmung, der Inter-pretation, dann wird sich das irgendwann von selbst auflösen. Kein Thema. Oder aber, das was ich verkünde, ist die Meinung Gottes selbst – dann habt ihr eh keine Chance gegen mich. Das ist ein bärenstarkes Argumentationsmuster, auf das später immer wieder Menschen zurückgriffen, die sich vor einem Gericht verantworten mussten, das sie als nicht legitim ansahen, bis hin zu Mahatma Gandhi und Nelson Mandela.

Diese Worte haben nur einen Nachteil: Sie sind ziemlich sperrig. Das griffige »Hier stehe ich, ich kann nicht anders«, drückt im Grunde dasselbe aus, nur eben sehr viel prägnanter.

Das Fazit in dieser Frage ist deshalb ein zweifaches: Nein, in Worms hat er es nicht gesagt; aber ja, der Satz steht seit 1546 in seinen Werken. Und unter den vielen angeblichen Luther-Worten, die komplett erfunden sind, ist er deshalb eine Ausnahme.

Anmerkungen:

Anmerkung zum Wahrheitsgehalt: siehe das Fazit am Ende des Lauftextes.

Wo Christus ist, geht er allzeit ...: Volkmar Joestel: *Tu's Maul auf! Was Luther wirklich gesagt hat.* Evangelische Verlagsanstalt 2013, S. 14.

Die Untersuchung von Karl Müller: Karl Müller: »Luthers Schlussworte in Worms«. In: Festschrift »Philotesia« zum 70. Geburtstag von Paul Kleinert, 1907. Auch der »Büchmann« (*Geflügelte Worte*, dtv 1967, S. 666) verweist auf Müller: »Die Frage ist eingehend behandelt von Karl Müller, ›Luthers Schlussworte in Worms 1521‹«.)

Zu den Ereignissen in Worms und danach siehe auch: Gerhard Prause: *Niemand hat Kolumbus ausgelacht. Fälschungen und Legenden der Geschichte richtiggestellt.* 5 Aufl. Econ Verlag 1990, S. 167 f.

Zu Luthers Leben und Wirken siehe auch: Bruno Preisendörfer: *Als unser Deutsch erfunden wurde. Reise in die Lutherzeit.* Galiani Berlin Verlag 2006.

Der Ursprung des Satzes liegt möglicherweise in den Flugschriften: Volkmar Joestel, a. a. O., S. 17.

Der Artikel über Angela Merkel: Heribert Prantl: »Hier stehe ich. Kann ich anders?« In: Süddeutsche Zeitung, 21.1.2016.

> »Ich habe nichts zu bieten als
> Blut, Schweiß und Tränen.«

Winston Churchill

Wahrheitsgehalt: 95 Prozent
Art der Verfremdung: Verkürzung, Umformulierung
Kreativitätsgrad: ✳

Was Churchill wirklich gesagt hat:

*»Ich habe nichts zu bieten als Blut,
Mühsal, Tränen und Schweiß.«
Und weiter: »Sie werden fragen, was unser Ziel ist?
Ich kann es in einem Wort beantworten: Sieg.
Sieg, was immer er kosten wird.«*

Churchills Antrittsrede als Kriegspremier ist eine der berühmtesten Reden der Geschichte. Gut, in Berlin ist noch eine gewisse Kennedy-Rede bekannt (»Ick bin ain Berliner!«) und in München die Trapattoni-Rede (»Isch 'abe fertig!«) – aber Blut, Schweiß und Tränen kennt jeder. Selbst dem Vorstand eines Kaninchenzüchtervereins kann es passieren, dass ihm wohlmeinende Mitglieder schulterklopfend bescheinigen, er habe da eben aber »eine echte Blut-Schweiß-und-Tränen-Rede« gehalten.

Sei's drum, das Original ficht das nicht an. Winston Churchill vor dem britischen Unterhaus, 13. Mai 1940, ein wahrhaft historischer Moment: Nachdem die deutsche Wehrmacht schon 1939 Polen überfallen hatte, im Frühjahr 1940 dann Belgien und Frankreich, hatte in Großbritannien auch der letzte eingesehen, dass die Beschwichtigungspolitik gegenüber Hitler gescheitert war. Und Churchill, der die vergangenen zehn Jahre zunehmend einsam, aber unermüdlich genau davor gewarnt hatte, war plötzlich der Mann der Stunde. Der Premierminister Neville Chamberlain trat zurück, Churchill wurde von einer Allparteienkoalition zum neuen Premier gewählt. Und hielt, nachdem er zuvor zum Kabinett gesprochen hatte, nun seine Antrittsrede vor dem Parlament: »*I would say to the House, as I said to those who have joined this Government: I have nothing to offer but blood, toil, tears and sweat. We have before us an ordeal of the most grievous kind. We have before us many, many long months of struggle and of suffering.*« (Übers. siehe Anm.)

Die historische Wucht des Augenblicks spiegelt sich in der nur wenige Minuten langen Rede perfekt wider. Churchill (der teilweise nuschelt und mit schwerer Zunge spricht) legt zunächst Rechenschaft darüber ab, was an diesem Tag bisher geschehen war: dass er den Auftrag angenommen hat, eine Regierung zu bilden; dass dies nach Meinung aller Beteiligten auf einer möglichst breiten Basis zu geschehen und er deshalb die Spitzen aller im Parlament vertretenen Parteien eingebunden habe; dass die einzelnen Minister in den nächsten Tagen bestimmt werden sollten und so weiter. Ja, er bittet sogar um Verständnis dafür, dass aufgrund der dramatischen Umstände alles so schmucklos und ohne größere Zeremonie vonstattengehe.

Und dann kommen diese suggestiven, wuchtigen Sätze, mit denen er die Nation auf den Krieg und auf die kommenden harten Zeiten einschwört und darauf, dass es keine Alternative gebe zum Sieg, koste es, was es wolle. Nur ein paar mal hebt er dazu die Stimme oder gibt seinem Tonfall eine gewisse Schärfe, ansonsten poltern die Worte schmucklos aus ihm heraus – ein extremer Gegensatz etwa zu der Hysterie von Goebbels' Sportpalastrede, die ja eine vergleichbare Motivation hat, nämlich das Volk auf den Krieg einzuschwören. Churchill wollte auch deutlich machen, dass er sich weder nach dem Amt gedrängt hatte, noch dass er seinen Landsleuten irgendwelche Versprechungen machen könne. Deshalb dieses Beharren auf dem »Ich habe nichts zu bieten als ...« Niemand soll sich Illusionen machen, es liegen bittere Jahre vor uns. Aber, so der Subtext, wir haben keine Wahl.

Von diesem Moment an wuchs Churchill in seine welthistorische Rolle hinein, als sei alles davor, als sei sein ungemein wechselhaftes politisches Leben (er war ja bereits 65!) nur die Vorbereitung für diese Aufgabe gewesen, als Premierminister sein Land durch den großen Krieg zu führen. »Man wird das Phänomen Churchill nie verstehen«, schreibt Sebastian Haffner, »wenn man ihn einfach als einen Politiker und Staatsmann betrachtet, dem es schließlich auch zufiel, einen Krieg führen zu müssen. [...] Er war kein Politiker, der sich irgendwie auch im Krieg bewähren musste; er war ein Krieger, der begriff, dass zum Kriegführen auch Politik gehört.« Churchill meinte später in der ihm eigenen Mischung aus Realitätssinn und Pathos, den wahren Löwenmut habe nicht er als Person, sondern das britische Volk gehabt – und »der glückliche Zufall wollte es, dass ich dazu berufen war, den Löwen zum Brüllen zu bringen«.

Indes hatte die berühmteste Formulierung aus der Rede bereits eine lange Geschichte hinter sich. Wortkombinationen wie »Schweiß und Blut« oder »Blut und Tränen« waren schon bei Rednern in der Antike beliebt, etwa bei Cicero. Der englische Dichter John Donne sprach 1611 in einem Poem davon, »was für ein trockener Zunder die Erde sei / dass es vergebens sei sie zu benetzen / mit Deinen Tränen, oder Schweiß, noch Blut«. Und der italienische Revolutionsheld Garibaldi soll 1849 in Rom unter dem Schlachtruf »Blut, Mühsal, Tränen und Schweiß« seine Mannen gegen die anrückenden französischen Truppen versammelt haben.

Auch Churchill selbst hatte schon mehrere Jahrzehnte lang in Artikeln und Reden die verschiedensten Kombinationen verwendet, vor allem »*blood and tears*«, aber auch »*blood, sweat and tears*«. Vor allem wenn es darum ging auszumalen, wie schlimm ein Krieg für das Volk sei, reicherte er die Aufzählung um andere plastische Begriffe an. 1932 etwa äußerte er in einem Interview, moderner Krieg sei »nichts als Quälerei, Blut, Tod, Elend und Lügenpropaganda« (»*war now is nothing but toil, blood, death, squalor and lying propaganda*«).

Das kollektive Unbewusste aber hat aus all diesen Formen die griffigste behalten und sie im Nachhinein auch mit der Kriegsrede verknüpft. Sprachwissenschaftler fanden gleich mehrere einleuchtende Gründe, warum »*blood, sweat and tears*« sich gegenüber »*blood, toil, tears and sweat*« als geflügeltes Wort durchgesetzt habe: Erstens sei ein Dreiklang grundsätzlich eingängiger als ein Vierklang; zweitens sei die Dreier-Reihung auch formal einleuchtender, weil es sich bis auf die Mühsal allesamt um Körperflüssigkeiten handele; und drittens sei (zumindest im Deutschen) der Ausklang auf das zweisilbige Wort »Tränen« rhythmisch eingängiger als die Originalreihenfolge.

Dazu beigetragen haben zwei Größen der Pop-Musik: Zum einen Jonny Cash, der 1963 ein Album mit dem Titel *Blood, Sweat and Tears* veröffentlichte, das von dem schweren Leben der Industriearbeiter handelt; und dann natürlich die gleichnamige Jazzrock-Gruppe, die sich für ihren Namen entweder von Churchill oder von Jonny Cash inspirieren ließ oder von beiden; zu trennen ist das ohnehin nicht. Es gab schon viele Blut-Schweiß-und-Tränen-Reden (und -Gedichte!) in der Geschichte der Menschheit; die von Winston Churchill war bei Weitem nicht die erste. Aber die eindrucksvollste.

Anmerkungen:

Blut, Mühsal, Tränen und Schweiß: Aus Churchills Rede vor dem Unterhaus am 13.5.1941. Die Rede findet sich zum Beispiel bei Youtube unter Suchbegriffen wie »Churchill Blood Toil Tears and Sweat«. (Achtung, es kursieren viele verstümmelte Versionen, die ganze Rede ist ca. fünf Minuten lang). Und es gibt ein sehenswertes Video, in dem Boris Johnson (den man ansonsten durchaus für einen gemeingefährlichen Clown halten kann) ein paar von Churchills rhetorischen Kniffen erklärt: »Boris Johnson explains how to speak like Winston Churchill«.

I would say to the house …: Deutsche Übersetzung: »Ich möchte dem Hohen Haus erklären, was ich vorhin schon den Mitgliedern der neuen Regierung gesagt habe: Ich habe nichts zu bieten als Blut, Mühsal, Tränen und Schweiß. Vor uns liegt eine äußerst schmerzhafte und langwierige Prüfung. Vor uns liegen lange Monate des Kampfes und der Qual.«

Man wird das Phänomen Churchill nie verstehen: Sebastian Haffner: *Winston Churchill*. 8 Aufl. Rowohlt 2014, S. 28.

Die Geschichte des Satzes und seine Verwendung bei Churchill: Richard M. Langworth: *Churchill in His Own Words*. Ebury Press 2012, Anhang III.

Die Vorgeschichte des Satzes in der Antike, bei John Donne etc.: Ralph Keyes: *The Quote Verifier*. St. Martins' Griffin 2006, S. 15 f.

»Jetzt wächst zusammen, was zusammengehört.«

Willy Brandt

Wahrheitsgehalt: 95 Prozent
Art der Verfremdung: Umformulierung, Zuspitzung
Kreativitätsgrad: ✳

Was er wirklich gesagt hat:

*»Jetzt erleben wir, und ich bin dem Herrgott
dankbar dafür, dass ich dies miterleben darf:
Die Teile Europas wachsen zusammen.«*

Es hätte alles so schön sein können an jenem Abend des 10. November 1989 auf dem Platz vor dem Rathaus Schöneberg. Am Vorabend hatte die DDR-Regierung eher aus Versehen die Mauer aufgemacht, und jetzt wollte man sich des historischen Moments freuen. Aber wer war »man«? Unter anderem der Regierende Bürgermeister Walter Momper, Bundeskanzler Helmut Kohl, Außenminister Hans-Dietrich Genscher und natürlich der große alte Mann der Berliner Nachkriegspolitik, Willy Brandt.

Doch ein Teil des Publikums, Linke, Studenten und Kreuzberger Autonome, bejubelte zwar Willy Brandt, gönnte aber Kohl die Einheit nicht (»Die Mauer tritt zurück – wann geht Kohl?«, titelte die taz) und war überhaupt derart allergisch gegen diesen als patriotisch und pathetisch empfundenen Auftritt, dass sie den ergriffenen Politikern in die Suppe spuckten. Als Momper ankündigte: »Wir singen jetzt das Lied der Deutschen«, erhob sich ein gellendes Pfeifkonzert, das die ohnehin leicht schräge Darbietung des Männerchors auf der Bühne bis zum letzten Takt begleitete. Die Tontechniker des SFB versuchten alles, um für die Nachrichtenbeiträge wenigstens die grellsten Töne herauszufiltern – während umgekehrt die taz die grandios verpfiffene Nationalhymne als »Schallfolie« herausbrachte und am 23. Dezember der Zeitung als Weihnachtsgeschenk beilegte.

Was aber am stärksten in der kollektiven Erinnerung blieb von diesem Tag, neben den Bildern der feiernden Menschen, das ist zweifellos der Satz von Willy Brandt: »Jetzt wächst

zusammen, was zusammengehört.« Und natürlich hat er den an jenem Abend bei seiner Rede auf den Stufen des Schöneberger Rathauses gesagt – so berichten es ja unzählige Chroniken. Oder?

Wie es wirklich war, hat später der Radioreporter Ansgar Hocke erzählt. Hocke fing Brandt am späten Vormittag am Schöneberger Rathaus ab, als er gerade in Berlin eintraf, und versuchte, ihm ein paar Sätze zu entlocken. »Gegen 11.45 Uhr trifft er ein. Er steigt aus dem Wagen, keine Menschentraube, kein weiterer Journalist ist zu sehen.« Hocke fragt Brandt, was in ihm vorgehe, wo er doch so oft hier gestanden habe. Und Brandt antwortet: »Sie haben recht: Ich habe hier oft gestanden, vor allen Dingen am 16. August 1961, kann ich mich erinnern, da haben wir unseren Zorn, unsere Ohnmacht hinausgeschrien. Jetzt sind wir in einer Situation, in der wieder zusammenwächst, was zusammengehört.«

So einfach kann das sein: Zur richtigen Zeit am richtigen Ort, und schon purzelt ein Satz von welthistorischer Bedeutung herbei. Das Verblüffende allerdings: Der Satz erregte erst mal gar kein Aufsehen. Er »versendete sich«, wie die Medienleute das nennen. Wie Bernd Rother von der Willy-Brandt-Stiftung recherchierte, hat ihn »weder die *Berliner Morgenpost* in der Überschrift der Gesprächswiedergabe übernommen, noch erschien er in den nächsten Tagen in den Berliner Tageszeitungen«. Der Satz wurde erst durch eine Wandzeitung der SPD populär – das sind jene Blätter, die von der Parteizentrale produziert werden, damit die Ortsvereine sie in ihre Schaukästen hängen können. Die Wandzeitung 19/1989, die Ende November in einer Auflage von 6000 Exemplaren hergestellt wurde, zeigt ein Foto von Willy Brandt vor dem Brandenburger Tor und daneben als einzigen Text den Satz »Jetzt wächst zusammen, was zusammengehört«, mit dem Zusatz: »Willy Brandt, 10.11.1989«. Und bei der Eröffnung des SPD-Parteitags am 18. Dezember in Berlin standen diese Worte als Motto an der Stirnseite des Saals; die stellvertretende Parteivorsitzende Herta Däubler-Gmelin eröffnete mit ihnen den Parteitag, der Parteivorsitzende Vogel wandelte ihn ab, und Willy Brandt selbst wiederholte ihn in seiner Rede ebenfalls. Ein Klassiker war geboren.

Seither gehen alle Beteiligten mit der Tatsache, dass Willy Brandt den Satz zwar geprägt und öfter gesagt hat, *nur eben nicht* in der Situation, von der alle es denken, nämlich am Abend des 10. November vor dem Schöneberger Rathaus – damit gehen alle inzwischen völlig entspannt um. Sogar Brandt selbst fing irgendwann an zu behaupten, den Satz gesagt zu haben. So schreibt er im Vorwort eines Buches mit seinen gesammelten Reden zur europäischen Einigung: »Ich dachte nicht allein an Berlin, als ich am 10. November vor dem Schöneberger Rathaus sagte: Nun wächst zusammen, was zusammengehört.«

»Dass diese Passage später in die gedruckte Fassung jener Rede aufgenommen worden ist«, schreibt der Vorstandsvorsitzende der Willy-Brandt-Stiftung, Gerhard Groß, »entspricht der Freiheit, die jeder Autor bei der textlichen Überarbeitung einer gesprochenen Rede für sich in Anspruch nimmt und wird im Übrigen durch den in Brandts Rede tatsächlich gesprochenen Satz besonders legitimiert: ›... wir erleben, dass die Teile Europas wieder zusammenwachsen.‹«

Gerade auf diese letzten Worte hat übrigens der Historiker Timothy Garton Ash wiederholt hingewiesen. Ash betont »die ganz eindeutige Tatsache, dass er [Brandt] sich zunächst und vor allem auf die beiden Teile Europas, nicht nur jene Deutschlands, bezogen hat«. In der vor dem Schöneberger Rathaus gehaltenen Rede, bemerkt Ash, »kommt das Wort vom ›Zusammenwachsen‹ dann sogar nur im europäischen Kontext zur Sprache«.

Manchmal ist eben das, was gesagt wird, worauf aber niemand achtet, tatsächlich wichtiger als das, was nicht gesagt wird. Auch wenn gerade das hinterher alle gehört haben wollen.

Anmerkungen:

Anmerkung zum Wahrheitsgehalt: Er hat den Satz sogar bei verschiedenen Gelegenheiten so gesagt, aber eben nicht dann, wenn man es immer denkt, nämlich am Abend des 10. November vor dem Rathaus Schöneberg.

Jetzt erleben wir ...: Timothy Garton Ash: *Wächst zusammen, was zusammenge-hört?* Schriftenreihe Heft 8, Bundeskanzler-Willy-Brandt-Stiftung 2001, S. 14 [auch online zu finden]; siehe auch: Christoph Drösser: »Stimmt's?« In: *Die Zeit*, 5.11.2009.

Die Mauer tritt zurück – wann geht Kohl?: In: Die Tageszeitung, 11.11.1989.

Die Geschichte des Radioreporters Ansgar Hocke: Günter Bannas: »In der Erinne-rung zusammengewachsen«. In: *FAZ*, 14.10.2014. Auf: www.faz.net/aktuell/politik/25-jahre-deutsche-einheit/willy-brandts-zitat-zum-mauerfall-ist-wesent-lich-aelter-13204476.html.

Die SPD-Wandzeitung als Bild: T. G. Ash, a. a. O., S. 6.

Das Vorwort von Gerhard Groß: T. G. Ash, a. a. O., S. 9.

Willy Brandt selbst schreibt im Vorwort: W. Brandt: ... *was zusammengehört. Reden zu Deutschland.* Verlag J. H. W. Dietz Nachf. 1990, S. 7.

Brandt hat in erster Linie nicht Deutschland, sondern Europa gemeint: T. G. Ash, a. a. O., S. 14.

»Mehr Licht!«

Johann Wolfgang von Goethe

Wahrheitsgehalt: 20 Prozent
Art der Verfälschung: Zuspitzung, evtl. Vertauschung
Kreativitätsgrad: ✳ ✳ ✳
Urheber der Verfälschung: Clemens W. Coudray,
Friedrich von Müller
Zeit: ab 1832

Ein Satz zum Thema Originalität,
den Goethe wirklich gesagt hat:

*»Alles Gescheite ist schon gedacht worden,
man muss nur versuchen, es noch einmal zu denken.«*

Letzte Worte werden überschätzt. Klar, jeder würde am liebsten mit einer Pointe abtreten, und manche schaffen es ja auch. Vorbildlich in dieser Hinsicht der Räuber Kneißl, ein oberbayerischer Volksheld, der sein an einem Montag empfangenes Todesurteil mit den Worten kommentiert haben soll: »De Woch fangt scho guad o...«

Bei den meisten Menschen dagegen, selbst bei den großen Geistern, ist die Wahrheit profaner: Der eine jammert nur noch, der andere ist schon halb jenseits. Oscar Wilde, so ein Begleiter der letzten Stunde, »redete die ganze Zeit dummes Zeug, bald englisch, bald französisch«; Einsteins letzte Worte blieben unverstanden, weil die Nachtschwester in Princeton kein Deutsch sprach; und über Edgar Allan Poes Abgang verbreitete sein Arzt später die verschiedensten Versionen, je nach Publikum.

Ausgerechnet Goethe selbst hatte die Latte ziemlich hoch gelegt, als er einmal schrieb: »Am Ende des Lebens gehen dem gefassten Geiste Gedanken auf, bisher undenkbare; sie sind wie selige Dämonen, die sich auf den Gipfeln der Vergangenheit glänzend niederlassen.« So sollte das also idealerweise ablaufen. Und deshalb, darauf verständigten sich die Zeitzeugen wohl mehr oder weniger unausgesprochen, musste es auch bei Goethe so gewesen sein. Dass er also »Mehr Licht!« gefordert haben soll, ist in seiner philosophischen Überhöhung ja fast schon rührend. Der respektlose Frankfurter Volksmund hatte schon immer seinen eigenen Reim darauf. Dort erzählt man sich, Goethe, der bekannt-

lich bis zum Ende seines Lebens eine hessische Sprach-
färbung zeigte, habe sich beschwert: »Mer liescht hier so
schlescht!«

Goethe starb aber nicht liegend, sondern sitzend, im
Lehnstuhl, der neben dem Bett in seinem kleinen Schlafzim-
mer stand. In den auf beiden Seiten angrenzenden Arbeits-
und Schreibzimmern, mehr oder weniger mit Blickkontakt,
war die ganze Zeit ein Kommen und Gehen von Vertrauten
und Freunden: Anwesend waren unter anderem Goethes Arzt
Dr. Vogel und sein Sekretär Eckermann, der Schreiber John
und der Diener Friedrich, Staatskanzler von Müller und
Oberbaudirektor Coudray, Goethes Enkel Walter und Wolf –
während deren Mutter, Goethes Schwiegertochter, wiederum
direkt am Bett saß. Dazu kamen weitere Personen. Mindestens
ein Dutzend Menschen hielt sich an diesem Vormittag wenigstens vorübergehend in einem der angrenzenden Zimmer
auf. Alle achteten auf die Lebenszeichen des langsam Dahin-
dämmernden, versuchten, die Worte zu deuten, die er noch
sprach, sowie die Gesten, die er im Traum zu machen schien,
oder hofften noch auf Genesung von der möglicherweise nur
vorübergehenden Krankheit.

Schon das ist hübsch bizarr: Jeder wollte dabei sein, aber
nicht respektlos wirken; Goethes Leben war eben immer auch
ein halböffentliches Ereignis. Sogar der Großherzog wollte
ihn in den letzten Stunden noch besuchen; man riet ihm aber,
sich den Anblick zu ersparen und stattdessen lieber die Groß-
herzogin schonend auf Goethes Ableben vorzubereiten.

Was genau Goethe während des späten Vormittag des 22. März 1832 noch getan und gesagt haben soll, darüber gibt es viele Aussagen. Einig sind sich alle darin, dass er friedvoll starb, ohne sehr zu leiden. »So machte ein ungemein sanfter Tod das Glücksmaß eines reich begabten Daseins voll«, notierte der Arzt Dr. Vogel. War das an sich noch wahr, so begann doch damit auch schon die Verklärung und Überhöhung. Der Staatskanzler Friedrich von Müller, ein Freund, den Goethe im Jahr zuvor zum Nachlassverwalter bestimmt hatte, schrieb an den Politiker Hans Christoph Ernst von Gagern: »Wirklich entschlummerte er um halb zwölf Uhr, ohne alle Ahndung des Todes, friedlich und ohne allen Kampf, nur das Ausbleiben des Atems verkündete das Ende. Eine halbe Stunde vorher begehrte er noch etwas Wasser und Wein und hieß die Fensterladen des Nebenzimmers öffnen, ›damit mehr Licht hereinkomme‹. Wenig Sterbliche werden so schön sterben. Und dies ist in der That für uns alle großer Trost.«

Hier existiert schon die Formulierung »damit mehr Licht hereinkomme«, die später zum schlichten »mehr Licht!« verkürzt wurde. Der erste, der diese Formulierung verwendet hatte, war Clemens Coudray gewesen, der mit Goethe befreundete Architekt und Oberbaudirektor des Großherzogtums. Coudray berichtete, Goethe habe dem Diener zugerufen: »Macht doch den Fensterladen im Schlafgemach auf, damit mehr Licht hereinkomme!« Merkwürdig allerdings: In einer ersten Version von Coudrays Bericht fehlt dieser wörtliche Satz; auch andere Kleinigkeiten scheinen später geschönt worden zu sein. Der Germanist Carl Schüddekopf, der Coudrays verschiedene Textversionen entdeckte und 1907 den Stand des Wissens zusammenfasste, kommt jedenfalls zu dem Ergebnis, da sei fleißig Legendenbildung betrieben worden. »Je später je mehr«, resümiert Schüddekopf, trete in den Berichten die Tendenz hervor, »die Vorgänge bei Goethes Scheiden zu idealisieren und in eine erhabnere Sphäre zu rücken.«

Interessanterweise gibt es nämlich auch noch eine Minderheitsmeinung, von der im Nachhinein nicht festzustellen ist, ob sie der Wahrheit entspricht. Der Diener Friedrich Krause berichtet, Goethe habe als Letztes nicht das Öffnen der Fensterläden verlangt, sondern den Nachttopf: »Es ist wahr, dass er meinen Namen zuletzt gesagt hat, aber nicht um die Fensterladen aufzumachen, sondern er verlangte zuletzt den Botschamper, und den nahm er noch selbst und hielt denselben so fest an sich, bis er verschied.«

Das klingt nicht unglaubwürdig. Und sollte es tatsächlich so gewesen sein, dann kann man sich vorstellen, dass der Arzt oder sonst wer als allererstes dem toten Goethe den Nachttopf aus dem Arm genommen hat. Diese Ansicht teilt auch Martina Eicheldinger von der *Forschungsstelle Goethe-Wörterbuch* in Tübingen: »In der Forschung geht man seit Carl Schüddekopfs Arbeit von 1907 davon aus, dass das ›Mehr Licht!‹-Bonmot ein schönes Beispiel der Legendenbildung und der Idealisierung *post mortem* darstellt. Die Nachttopf-Version hat wohl schlichtweg nicht zum Goethekult gepasst, der (spätestens) nach seinem Tod im Schwange war.« Schon Schüddekopf selbst hatte geäußert, es sei »charakteristisch für die Schätzung Goethes bei seinen Zeitgenossen, dass auch solche rein menschliche Äußerungen symbolisch aufgefaßt wurden«.

Denkbar ist natürlich auch, dass unmittelbar danach nicht mehr ganz klar war, was nun wirklich die letzten Worte waren, ob »Macht doch bitte den Fensterladen auf!« oder »Gib mir doch mal den Botschamper!«. Wenn ein Mensch gerade gestorben ist, hat man gemeinhin erstmal andere Dinge zu tun, als darüber nachzudenken, was jetzt eigentlich seine letzten Worte waren. Andererseits: Dass der Nachttopf es *einfach nicht gewesen sein kann*, muss den maßgeblichen Leuten sofort klar geworden sein. Und wer hinterher die Berichte veröffentlicht und die Briefe an die wichtigen Leute schreibt, der bestimmt eben auch das Bild, das die Nachwelt sich von einem Ereignis macht.

Aber wie auch immer: Letzte Worte werden ohnehin überschätzt.

Anmerkungen:

Anmerkung zum Wahrheitsgehalt: Von den zwei widerstreitenden Versionen »Fensterladen« und »Nachttopf« halte ich den Nachttopf für die wahrscheinlichere; aber selbst wenn die Fensterladen-Version stimmt, ist sie mit der Verkürzung auf die zwei Worte »Mehr Licht!« nochmals stark verfälscht worden, deshalb setze ich die Wahrscheinlichkeit insgesamt relativ gering an.

Alles Gescheite ist schon gedacht worden: Der Satz kommt bei Goethe gleich dreimal vor, in den *Maximen und Reflexionen*, in den *Gesammelten Sprichwörtern* und in *Wilhelm Meisters Lehrjahre*; siehe: *Goethe-Wörterbuch*, Stichwort »gescheit«.

Zum Ablauf von Goethes letzten Tagen und Stunden siehe u.a.: Carl Schüddekopf (Hrsg): *Goethes Tod – Dokumente und Berichte der Zeitgenossen*. Insel Verlag 1907; Karl-Heinz Hahn: *Zu Goethes Tod und Begräbnis*. Neue Folge des Jahrbuchs der Goethe-Gesellschaft 19, 1957, S. 226–229; Rüdiger Safranski: *Goethe. Kunstwerk des Lebens*. Hanser Verlag 2013, S. 642 f. Sehr informativ über Goethes (Alltags-)Leben ist auch: Erich Trunz: *Ein Tag aus Goethes Leben*. C. H. Beck 1990, Sonderausgabe 2006.

Am Ende des Lebens …: Zitiert nach Schüddekopf, a. a. O., S. 24.

Der Bericht des Arztes Dr. Vogel: In: Wolfgang Herwig (Hrsg.): *Goethes Gespräche. Eine Sammlung zeitgenössischer Berichte [...]*, Dritter Band, Zweiter Teil (1825–1832). Zürich und Stuttgart 1972, S. 882.

Der Brief von Kanzler Müller an H. C. E. v. Gagern: Karl-Heinz Hahn, a. a. O., S. 229.

Die Aussagen von Coudray: Schüddekopf, a. a. O., S. 18–28.

Die Aussage des Dieners Friedrich Krause: Wolfgang Herwig: *Goethes Gespräche*. Artemis Verlag 1987, S. 889.

Botschamper (auch Potschamperl o.ä.) ist in manchen Dialekten, z.B. im Hessischen, ein Ausdruck für Nachttopf (vom frz. *pot de chambre*).

Der Nachttopf taugt nicht zur Legendenbildung: M. Eicheldinger, Forschungsstelle Goethe-Wörterbuch, persönliche Mitteilung vom 3.1.2017.

»Meine Damen und Herren, liebe Neger!«

Heinrich Lübke

Wahrheitsgehalt: 0 Prozent
Art der Verfälschung: Erfindung, Zuschreibung
Kreativitätsgrad: ✳ ✳ ✳ ✳
Urheber: unbekannt; möglicherweise
Umfeld der *Spiegel*-Redaktion
Zeitpunkt: ab 1967

Ein Satz über sich selbst,
den Lübke wirklich gesagt hat:

*»Wenn Sie von dem neuen Bundespräsidenten
etwas Negatives hören, dann denken Sie:
Er ist noch in der Lehre.«*

Nein, er hat es nicht gesagt. Ebensowenig wie »Equal goes it loose«, aber dazu später. Zunächst mal: Ja, dem Mann ist übel mitgespielt worden. Und ebenfalls ja: Er war daran nicht ganz unschuldig. Lübke war Sauerländer, ein Mann aus der Provinz, mit damals schon altmodisch wirkenden Vorstellungen von Sitte und Anstand, dabei aber liebenswürdig und oft entwaffnend direkt. Lübke folgte 1959 als Bundespräsident auf den großen Liberalen Theodor Heuss; er war ein Verlegenheitskandidat, der nicht nach dem Amt gedrängt hatte. Und er wurde, vor allem in seiner zweiten Amtszeit, zunehmend zur Hass- und Spottfigur nicht nur der Linken. Er galt als einer der vielen Mitläufer des Naziregimes, die nach dem Krieg bruchlos ihre Karriere fortsetzten. Dass so einer der höchste Repräsentant der jungen Bundesrepublik war, berührte viele Deutsche schmerzlich.

Dabei hatte Lübke unter den Nationalsozialisten zunächst sogar gelitten. Als katholischer Konservativer und Abgeordneter der Zentrumspartei war er ab 1933 unter Druck geraten, verlor seinen Posten als Bauernfunktionär und musste als Folge einer Denunziation sogar für 20 Monate in Untersuchungshaft; danach hatte er Mühe, beruflich Fuß zu fassen. Doch nach einem Intermezzo bei einer Wohnungsbaugesellschaft landete er 1939 im Berliner Architekturbüro Schlempp, das zunehmend Großaufträge für das Regime ausführte. Lübke stieg zum Vizechef auf und leitete bald das größte Projekt des Büros: den Bau der Heeresversuchsanstalt Peenemünde, wo die V2-Rakete gebaut wurde – eines der wichtigsten Rüstungsprojekte der Nazis.

Aber wie kamen nun die Anekdoten und falschen Zitate in die Welt? Lübke hatte eine direkte, manchmal naiv wirkende Art, sich auszudrücken. Er wich oft vom Redemanuskript ab, ignorierte fröhlich diplomatische Gepflogenheiten und Sprachregelungen. Fürs Publikum war das oft amüsant, für seine Mitarbeiter weniger. »Natürlich hat der Bundespräsident das Recht, Redenentwürfe nach eigenem Gutdünken abzuändern«, zitierte der *Spiegel* einmal einen frustrierten Referenten; »es gibt bestimmt auch Mitarbeiter, denen das nichts ausmacht. Ich selbst bin aber für so etwas vollkommen ungeeignet.«

Dazu kam, dass Lübke in seiner zweiten Amtszeit zunehmend dement wurde. Deshalb kündigte er schon 1968, in seinem vorletzten Amtsjahr an, 1969 zurücktreten zu wollen. Manchmal hatte er für seine Aussetzer auch durchaus originelle Begründungen. So erklärte er im Mai 1966 nach einer Rede in Bonn, bei der er sich mehrfach versprochen hatte: »Das Rednerpult war für meinen Vorredner Gerstenmaier hergerichtet. Darum war der Abstand zwischen meinen Augen und dem Manuskript zu groß.«

Was nun die falschen Zitate angeht, so lässt sich zumindest der Satz »Equal goes it loose« genau zuordnen. Im *Spiegel* erschien am 24. April 1967 ein längerer Artikel mit der Dachzeile »Minister« und der Überschrift »Latein mit Russen«. Der Text, der offenbar keinen aktuellen Aufhänger hatte, war ein Rundumschlag gegen alle echten oder vermeintlichen Sprachmarotten deutscher Politiker, die die Redaktion hatte in Erfahrung bringen können. Am Ende, in den letzten beiden Absätzen ging es um den Bundespräsidenten: »Im Eifer, auf englisch zu artikulieren«, hieß es da, »übertrifft freilich einer sie alle: Bundespräsident Heinrich Lübke. Die Eigenwilligkeit seiner Formulierungen verblüfft dabei Ausländer wie deutsche Dolmetscher stets aufs neue. Als Englands Königin am Rhein Staatsbesuch machte, kleidete Lübke die Mitteilung an seinen Gast, das Konzert im Schloß Brühl werde sogleich beginnen (so berichtete die Bonner Fama), in den Satz: ›Equal goes it loose‹ – eine eigene Übersetzung von: Gleich geht es los.«

Das aber war eine böswillige Erfindung. Die etwas verdruckste Formulierung »so berichtete die Bonner Fama« ist für den Kenner schon ein Hinweis darauf, dass das Ganze möglicherweise nicht ganz koscher ist. Wie der ehemalige *Spiegel*-Redakteur und seitherige *Konkret*-Herausgeber Hermann Gremliza 2006 offenbarte, stammt die Geschichte von dem damaligen Bonner *Spiegel*-Korrespondenten Ernst Goyke. Der wollte sich mit der erfundenen Anekdote dafür rächen, dass das Protokoll des Bundespräsidialamts ihn beim Staatsbesuch der Queen zwei Jahre zuvor nicht nahe an die Ehrengäste herangelassen, sondern auf die billigen Plätze verwiesen hatte.

Die Redaktion setzte auf die erfundene Geschichte sogar noch eins drauf. Im übernächsten Heft, Nr. 20/1967, erschienen nicht weniger als elf Leserzuschriften, die sich auf den Artikel »Latein mit Russen« bezogen, und zwar seltsamerweise alle auf Lübke – der, wir erinnern uns, in dem langen

Artikel nur ganz am Schluss vorgekommen war –, und die sich in bemühtem Witz gegenseitig übertrumpften. So schrieb ein Leser aus dem hessischen Nieder-Ramstadt: »Da kann man doch nur immer wieder feststellen: Unser Bundespräsident ist ›Heavy on wire‹!« Und ein Herr Büchmann aus Bremen ließ augenzwinkernd wissen: »Thunderweather, that overrushed me, how running himself our President underkeeps with such high animals how the british Queen in Her Majesty's own language. By such a builded statesoverhead can no outlander himself beforput, why it Germans gives, which not find, that Mr. Lübke is a very fine afterfollower of Herrn Heuss.« Der Haken bei der Sache, man ahnt es: Auch diese grotesken Leserzuschriften waren zumindest teilweise getürkt – von den *Spiegel*-Leuten selbst.

Damit wäre das also geklärt. Nicht bekannt ist weiterhin, wer die Begrüßung »Meine Damen und Herren, liebe Neger!« geprägt und Lübke zugeschrieben hat. Normalerweise wird sie auf seinen Staatsbesuch in Liberia im Januar 1962 datiert. Es ist aber davon auszugehen, dass Lübke den Satz nicht gesagt hat. Er ist auf keinem Tondokument enthalten, und kein Augen- bzw. Ohrenzeuge hat je behauptet, ihn gehört zu haben. Ein Mitarbeiter des Bundespresseamts erklärte vor Jahren auf eine Anfrage der *Zeit*-Redaktion, er halte den Satz für »gut erfunden«. Was Lübke dagegen tatsächlich gesagt hat, bei einem Staatsbesuch in Madagaskar im Februar 1966: »Sehr geehrter Herr Präsident, sehr geehrte Frau Tananarive!« Und das war eben nicht der Name der Präsidentengattin, sondern der Landeshauptstadt. Wahrscheinlich ist es dieser Lapsus, der letztlich zur Entstehung des »Meine Damen und Herren«-Satzes führte.

Zur Ehrenrettung von Lübke muss man sagen, dass ihm als ehemaligem Landwirt und Bauernfunktionär der Kampf gegen den Hunger und die Entwicklung der afrikanischen Länder echte Herzensanliegen waren. Er regte die Gründung der Welthungerhilfe an, der ersten überkonfessionellen Hilfsorganisation in Deutschland, und er besuchte auf insgesamt fünf Reisen allein in Afrika 14 verschiedene Länder, mehr als jeder andere Bundespräsident seither. Wenn er also zu einem afrikanischen Diplomaten sagte: »Ich wünsche Ihnen eine gute Entwicklung da unten«, dann klingt das für unsere Ohren zwar peinlich, aber es war sicher ehrlich gemeint.

Verblüffend ist dennoch, wie stark die Begrüßung der »lieben Neger« sich im kollektiven Bewusstsein verankert hat. Wer älter als 40 ist und im Westen sozialisiert wurde, kennt den Satz mit größter Wahrscheinlichkeit; die meisten haben allerdings auch schon gehört, dass ihn Lübke wahrscheinlich nicht gesagt hat. Er wird indes immer noch ab und zu verwendet, wie eine Chiffre, bei Gelegenheit in die Runde geworfen, um ein fröhliches Einverständnis herzustellen.

Denn eines muss man dem Satz lassen: Er spiegelt nicht nur die Tölpelhaftigkeit des Mannes, sondern auch sein Bemühen um Afrika. Er passt zu ihm. Behalten wir ihn ruhig in unserem kollektiven Gedächtnis – als eine Geschichte, die nie passiert ist.

Anmerkungen:

Wenn Sie von dem neuen Bundespräsidenten etwas Negatives hören:Erhard Kortmann/Fritz Wolf: *Sauerland bleibt Sauerland. Heinrich Lübkes goldiger Zitatenschatz*. 2. Aufl. Gustav Lübbe Verlag 1966, S. 39.

Lübkes Karriere in den zwanziger und dreißiger Jahren und der Widerwillen der 68er: Auf: bpb.de/geschichte/deutsche-geschichte/68er-bewegung/51791/wider-den-muff-von-1000-jahren.

Lübkes Rolle in Peenemünde: »Massengrab an der Raketenrampe«.
In: *Der Spiegel*, 28.5.2001; Auf: www.spiegel.de/spiegel/print/d-19285864.html.

Natürlich hat der Bundespräsident das Recht: »Wenn das Volk ruft«.
In: *Der Spiegel*, 20.5.1964; Auf: www.spiegel.de/spiegel/print/d-37797163.html.

Das Rednerpult war für meinen Vorgänger hergerichtet: Kortmann/Wolf, a. a. O., S. 38.

Der Ursprung des Satzes »Equal goes it loose«: »Latein mit Russen«.
In: *Der Spiegel*, 14.4.1967; Auf:
online: www.spiegel.de/spiegel/print/d-45293067.html.

Das aber war eine böswillige Erfindung: Hermann Gremliza, *konkret* 3/2006, S. 74.

Die pseudo-englischen Leserzuschriften: In: *Der Spiegel*, 1.5.1967, S. 22/23.

Auch die Leserzuschriften an den Spiegel *waren gefaked*: Hermann Gremliza, *konkret* 3/2006, S. 74; Hermann Gremliza, persönliche Mitteilung vom 6.1.2017.

Das Bundespresseamt hält den Satz für gut erfunden: Christoph Drösser: *Stimmt's? Alle modernen Legenden im Test*. Rowohlt 2003, S. 406.

Sehr geehrte Frau Tananarive: Drösser a. a. O., S. 406; Kortmann/Wolf a. a. O., S. 16.

»No sports!«

Winston Churchill

Wahrheitsgehalt: 0 Prozent
Art der Verfälschung: Erfindung, Zuschreibung
Kreativitätsgrad: ✳ ✳ ✳ ✳
Urheber des Originals bzw. der Zuschreibung: unbekannt
Zeitpunkt der Zuschreibung: möglicherweise 60er-Jahre

Ein Satz über Sport,
den Churchill wirklich gesagt hat:

*»Keine Stunde Lebenszeit,
die man im Sattel verbringt, ist vergeudet.«*

Oh boy, the Germans! Wie kommen die bloß auf diesen Satz? In England weiß jedes Kind, dass Churchill ein absoluter Draufgänger war, »No sports!« als angebliches Churchill-Zitat ist dort völlig unbekannt. Churchill war ein überaus passionierter Reiter; als junger Leutnant der Kavallerie gehörte er zum Poloteam der *4th Queen's Own Hussars* und entschied in Indien einmal ein Turnier, indem er im Finale mit gebrochenem und bandagiertem Arm antrat und trotzdem den entscheidenden Punkt erzielte. Als er 25 war, hatte er bereits an drei Kriegen teilgenommen, unter anderem 1898 bei der Schlacht um Omdurman im Sudan, die als letzte große Kavallerieattacke der Militärgeschichte gilt. Noch kurz vor seinem 74. Geburtstag erschien er hoch zu Ross bei einer Fuchsjagd in Südengland.

»Churchill war sich bewusst, wie wichtig körperliche Bewegung ist«, meint Richard Langworth, Churchill-Experte, -Biograf und langjähriger Herausgeber der Fachzeitschrift *Finest Hour*. Auf Chartwell, seinem prächtigen Landsitz in der Grafschaft Kent, besaß Churchill ein beheiztes Freibad, in dem er regelmäßig schwamm; und nachdem er mit Mitte 70 dann doch das Reiten aufgegeben hatte, machte er regelmäßig lange Spaziergänge in der hügeligen, parkartigen Gegend.

Also: Churchill und »No sports!«? Der Satz (manchmal auch: »First of all: No sports!«) soll ja seine Antwort auf die Frage gewesen sein, was sein Rezept für ein langes Leben sei. Kurioserweise war gerade Churchill lange Zeit überzeugt davon gewesen, dass er nicht lange leben werde. Sebastian Haffner, von dem eine hervorragende, in ihrer präzisen Knappheit extrem lesenswerte Churchill-Biografie stammt, formuliert es so: »Jedem, der mit Churchill in seiner politischen Frühperiode – zwischen 1901 und 1914 – zu tun hatte, fiel eines an ihm auf: eine pochende Unruhe, eine angespannte Erwartung, die sozusagen ständig vor Ungeduld von einem Fuß auf den anderen trat. Diese innere Unruhe und Ungeduld setzte sich aus zwei Elementen zusammen: der festen inneren Überzeugung, dass er zu etwas Großem bestimmt sei, und der ebenso festen Überzeugung, dass er (wie sein Vater) früh sterben werde.«

Es kam bekanntlich anders: Churchill wurde uralt. Nachdem er politisch mehrmals so gut wie tot gewesen war, zweimal die Partei gewechselt hatte (von den Konservativen zu den Liberalen und wieder zurück), auf mehreren hohen Posten geglänzt und auf anderen krachend gescheitert war und die gesamten dreißiger Jahre als exzentrischer Außenseiter sein Dasein im Parlament gefristet hatte, wurde er 1940, im Alter von 65 Jahren, der Kriegspremier, der ihn zur historischen Figur machen sollte. Und 1951, mit fast 77 Jahren, wurde er nochmals zum Premierminister gewählt, bis er nach dreieinhalb Jahren zurücktrat; als er starb, war er 90.

Vielleicht ist es einfach die Faszination für dieses ungeheuer pralle, ereignisreiche, in seiner Fülle und Widersprüchlichkeit gar nicht ganz zu fassende Leben, die bei dem »No sports!«- Satz Pate stand. Und wahrscheinlich spielt eine entscheidende Rolle, dass die deutsche Sicht auf Churchill bestimmt ist von dem Bild des unbeugsamen Kriegspremiers: ein massiger, schwerfälliger Mann, am Stock gehend, immer mit einer Zigarre in der Hand. Auch auf seinem berühmtesten Porträt, auf dem er besonders grimmig schaut, weil ihm der Fotograf Yousuf Karsh keck und ungefragt die Zigarre weggenommen hatte, stützt er sich schwer auf die Stuhllehne. Wie festgeschraubt scheint er dazustehen, als könne er ohne Hilfe keinen Meter gehen.

Zu diesem Eindruck beigetragen hat natürlich auch, dass Churchill im legendären *Badrutt's Palace Hotel* in St. Moritz in den schweren Ledersesseln in der Lobby herumsaß, statt sich auf der Piste zu tummeln. Auch sonst war sein Lebensstil nicht dazu geeignet, Gesundheitsapostel in Verzückung zu treiben. Sein Alkoholkonsum etwa war sagenhaft. Zum Essen trank er Champagner wie andere Leute Wasser, hinterher gab es Brandy, und sein »normales« Getränk den Tag über war stark verdünnter Whisky – eine Gewohnheit, die er als junger Soldat in Indien angenommen hatte, wo das Wasser oft verunreinigt war. Der Historiker Warren F. Kimball, der unter anderem Churchills Briefwechsel mit Roosevelt herausgegeben hat, fand ein hübsches Argument dafür, warum Churchill dennoch kein Alkoholiker gewesen sei: »Kein Alkoholiker würde solche Mengen vertragen.« Und was sein anderes Laster anging, das Rauchen, so hatte Churchill selbst den passenden Spruch parat: »Ein leidenschaftlicher Raucher, der ständig von der Gefahr des Rauchens für die Gesundheit liest, hört in den meisten Fällen auf – zu lesen.«

Aber Churchill wäre nicht Churchill, wenn er nicht auch zum Thema Sport und Bewegung Witze gerissen hätte. Es gibt eine hübsche Anekdote darüber, wie er zum ersten Mal bei einem American-Football-Match zuschaute: »Ja, es hat schon was von Rugby«, meinte er. »Aber warum müssen sie zwischendurch immer diese Konferenzen abhalten?«

Und zu einem seiner Leibwächter äußerte er einmal wie nebenbei: »Ich bin deshalb so fit, weil ich ständig als Sargträger für meine Freunde fungieren muss, die ihr Leben lang trainiert haben.« Richard Langworth, der mir die Episode übermittelt hat, meint dazu: »Er liebte solche Späße, das war seine Art von Humor«.Diese Anekdote scheint allerdings nicht der Ursprung des »No sports!«-Satzes zu sein; sie ist nur unter Churchill-Kennern bekannt. Wahrscheinlicher ist, dass die *unsichtbare Hand*, die solche Sätze manchmal bildet, so einen Kristallisationskeim gar nicht braucht.

Vielleicht ist das entscheidende Stichwort bei dem Ganzen ohnehin Churchills Humor, der durchaus robust sein konnte. Seine Aussage »Keine Stunde Lebenszeit, die man im Sattel verbringt, ist vergeudet«, geht jedenfalls so weiter: »Junge Männer haben sich schon oft dadurch ruiniert, dass sie Pferde besessen oder auf sie gewettet haben, aber niemals, weil sie sie geritten haben. Es sei denn natürlich, sie haben sich im Galopp das Genick gebrochen; aber das ist eine sehr sinnvolle Art zu sterben.«

Anmerkungen:

Keine Stunde Lebenszeit, die man im Sattel verbringt: Winston Churchill: *My Early Life*. Thornton Butterworth 1939, S. 59.

Churchill war sich bewusst, wie wichtig körperliche Bewegung ist: Richard Langworth, persönliche Mitteilung vom 29.1.2015.

Die Überzeugung, er werde früh sterben: Sebastian Haffner: *Winston Churchill*. 8. Aufl. Rowohlt 2014, S. 48.

Kein Alkoholiker würde solche Mengen vertragen: Warren F. Kimball: »Like Goldfish in a Bowl. The Alcohol Quotient«. In: *Finest Hour* 134, 2007. Zum Beispiel auf: www.winstonchurchill.org/publications/finest-hour/finest-hour-134/like-goldfish-in-a-bowlq-the-alcohol-quotient.

Die Rugby-Anekdote: Ralph Keyes: *The Quote Verifier*. St. Martins Griffin 2006, S. 67; bestätigt durch Richard Langworth, persönliche Mitteilung vom 8.1.2015.

Ich bin so fit, weil ich ständig als Sargträger fungieren muss: Richard Langworth: *Churchill in His Own Words*. Ebury Press 2012, S. 522.

Junge Männer haben sich schon oft dadurch ruiniert: Winston Churchill: *My Early Life*. Thornton Butterworth 1939, S. 59.

»Sammler sind glückliche Menschen.«

Johann Wolfgang von Goethe

Wahrheitsgehalt: 0 Prozent
Art der Verfälschung: Zuschreibung
Kreativitätsgrad: ✳ ✳ ✳ ✳
Urheber: Stefan Zweig, 1927

Ein Satz über das Sammeln,
den Goethe wirklich gesagt hat:

»Sehr leicht zerstreut der Zufall, was er sammelt.«

Goethe hält den Weltrekord – der Wörtersammler. Rund 93 000 verschiedene Wörter hat er verwendet, so viele sind bei keinem anderen Menschen dokumentiert. Shakespeare folgt weit abgeschlagen mit 39 000, dann Schiller mit 30 000 und Ibsen mit 27 000. Goethe nutzte den Umstand, dass man im Deutschen Begriffe fast beliebig durch Aneinanderreihung bilden kann, weidlich aus, erfand Wörter wie »Knabenmorgenblütentraum«, »Berg-und-Tal-Durchkreuzer« oder »großglasäugig«. Und allein mit »glücklich« bildete er 22 Variationen, von »glücklich-naiv« bis »glücklich-unglücklich«.

Was Goethe geschrieben und was er sich dabei gedacht hat, erlaubt einen präzisen Blick auf das Deutsch der »Goethezeit«, in der dramatische politische und soziale Umwälzungen stattfanden: die Französische Revolution; die Auflösung des Heiligen Römischen Reiches deutscher Nation; die napoleonischen Kriege; schließlich die Ahnung der heraufziehenden Moderne mit Dampfmaschine und Fabriken. Goethes Wortschatz ist auch deshalb so reichhaltig, weil er sich nicht nur als Schriftsteller äußerte, sondern auch als Reisender, als Naturforscher, als Politiker – und nicht zuletzt als Kunstkenner und -sammler.

Goethe war einer der bedeutendsten Sammler im Deutschland seiner Zeit. Seine Kollektion umfasste 26 000 Kunstobjekte und Bücher, 18 000 Mineralien und 5000 andere naturwissenschaftliche Objekte. Sein Haus war gleichzeitig ein kunsthistorisches, ein mineralogisches und ein botanisches Institut – da er an all diesen Themen arbeitete, brauchte er

permanent Proben zum Untersuchen und Vergleichen. Er war stolz auf die Arbeit mit seinen Sammlungen und verkündete immer wieder, dass er von jedem einzelnen seiner Stücke etwas gelernt habe. »Sein Besitz entspricht an Menge und Wert dem eines heutigen mittleren Museums«, schrieb der Goethe-Experte Erich Trunz.

Goethe sammelte aber nicht nur für sich, sondern auch für den Herzog. Als oberster Kurator des Herzogtums wurde er im Lauf der Zeit zuständig für praktisch alle öffentlichen und wissenschaftlichen Sammlungen in Weimar und Jena: Bibliotheken, Kupferstichkabinett und Münzsammlung, Botanische Sammlung, Anatomisches Kabinett und Tierärztliche Sammlung, Edelsteinsammlung, Mineralienkabinett und anderes mehr. Sein unglaublich breites Wissen und seine Autorität machten ihn in seinen letzten Jahren zu einem der einflussreichsten Kuratoren in Deutschland. Seine Haltung zu Sammlungen war klar und sehr modern: Die besten Sammlungen, fand er, werden von kundigen und leidenschaftlichen Privatleuten angelegt, sollten dann aber in öffentlichen Besitz übergehen oder zumindest öffentlich gezeigt werden. So lobte er beispielsweise die Brüder Senckenberg und den Kunstsammler Städel in Frankfurt, die genau das taten. Er hatte auch eine klare Vorstellung, welche Eigenschaften der ideale Sammler haben müsse: »Zum einzelnen Sammeln gehört Liebe, Kenntniß und gewisser Muth den Augenblick zu ergreifen, da denn ohne großes Vermögen, mit verständig mäßigem Aufwand, eine bedeutende Vereinigung manches Schönen und Guten sich erreichen läßt.«

Umso genervter war er, als er einmal längere Zeit gezwungen war, sich mit einem Abgrund von Sammelleidenschaft zu beschäftigen: Er musste die Bibliothek eines verstorbenen Hofrats sichten, die ins Eigentum des Herzogtums übergegangen war. Der Job zog sich monatelang hin. »Der Tod des Hofraths Büttner«, klagte Goethe, »der sich in der Mitte des Winters ereignete, legte mir ein mühevolles und dem Geiste wenig fruchtendes Geschäft auf. Die Eigenheiten dieses wunderlichen Mannes lassen sich in wenige Worte fassen: unbegränzte Neigung zum wissenschaftlichen Besitz, beschränkte Genauigkeitsliebe und völliger Mangel an allgemein überschauendem Ordnungsgeiste. […] Die Wandschränke standen gefüllt, in dem Zimmer selbst konnte man keinen Fuß vor den andern setzen. Auf alte gebrechliche Stühle waren Stöße roher Bücher, wie sie von der Messe kamen, gehäuft; die gebrechlichen Füße knickten zusammen, und das Neue schob sich flötzweise über das Alte hin.«

Goethe-Experte Trunz ist der Ansicht, dass das Sammeln für Goethe weit mehr war als nur ein Teil seiner Arbeitsweise oder Lebensführung, sondern tatsächlich ein Schlüssel zum Verständnis seines Wesens: »Das Sammeln gehörte bei Goethe in den Haushalt seiner inneren und äußeren Lebensführung. […] Er wollte nicht nur das Verständnis des Einzelwerks, er wollte auch die Überschau: die Kunst und Literatur als Geschichte in großen Zusammenhängen; das Pflanzenreich als ein System, ebenso das Mineralreich. Deswegen brauchte er die Fülle der Objekte und die Ordnung der Einteilung. Die große Objektivität, derer es hier bedarf,

hielt seiner starken Subjektivität die Waage.« Und tatsächlich, so Trunz, sammelte Goethe bis ganz zuletzt: »Er hat viele Ämter in dem kleinen Herzogtum gehabt, von der Wegebau-kommission bis zur Leitung des Hoftheaters. Er hat sie nach und nach aufgegeben, nur eins behielt er bis zu seinem Tode: die Oberaufsicht über die Sammlungen.«

Wo aber kommt nun der Satz mit den Sammlern her? Tatsächlich handelt es sich, wie die Tübinger Arbeitsstelle des *Goethe-Wörterbuchs* herausgefunden hat, um ein klassisches »Erinnerungszitat«. So nennt es die Forschung, wenn ein Schriftsteller in bester Absicht beispielsweise Goethe zitiert, sich dabei aber falsch erinnert – und dann der Satz, durch diese Zwischenstation quasi geadelt, künftig als Goethe-Zitat seinen weiteren Weg macht.

Der Satz von den Sammlern stammt aus Stefan Zweigs Novelle *Die unsichtbare Sammlung.* Das ist die rührende Geschichte von einem Kunsthändler, der einen bekannten Sammler besucht, von dem er länger nichts gehört hat. Vor Ort stellt sich heraus, dass der Mann inzwischen erblindet ist. Er kann seine wertvollen Grafiken, die er dem Händler stolz präsentiert, nur noch betasten. Aber noch schlimmer: Die Blätter sind in Wahrheit leer! Frau und Tochter, so stellt sich heraus, mussten in der Not der Inflationszeit ein Blatt nach dem anderen heimlich verkaufen, damit die Familie überleben konnte. Der erschrockene Händler fasst sich schnell, spielt das Spiel mit und lässt sich nichts anmerken. Als er wieder geht, sieht er, wie ihm der alte Mann aus dem Fenster im ersten Stock hinterher winkt und eine gute Reise wünscht.

»Unvergesslich war mir der Anblick: dies frohe Gesicht des weißhaarigen Greises da oben im Fenster, hoch schwebend über all den mürrischen, gehetzten, geschäftigen Menschen der Straße, sanft aufgehoben aus unserer wirklichen widerlichen Welt von der weißen Wolke eines gütigen Wahns. Und ich musste wieder an das alte wahre Wort denken – ich glaube, Goethe hat es gesagt –: ›Sammler sind glückliche Menschen.‹«

Anmerkungen:

Sehr leicht zerstreut der Zufall: J. W. v. Goethe: *Torquato Tasso*, 1. Aufzug, 1. Szene, Vers 58.

Die Angaben zum Wortschatz: Michael Niedermeier: »Goethe und das Schmiergeld«. In: Goethe-Gesellschaft Weimar Newsletter 3/2016, S. 8.

Das Goethe-Wörterbuch wird parallel zum Fortschreiten der Arbeiten digitalisiert, bisher ist der Wortschatz bis zum Buchstaben M vollständig erfasst und öffentlich zugänglich – ein schöne Gelegenheit zum Stöbern in Goethes Sprache. Auf: http://gwb.uni-trier.de/de bzw. http://woerterbuchnetz.de/GWB.

Zum einzelnen Sammeln gehört Liebe: J. W. v. Goethe: Gesammelte Werke, WA I (Weimarer Ausgabe) Bd. 49.2, S. 111.

Die Episode mit dem Hofrat Büttner: J. W. v. Goethe: Gesammelte Werke, WA I (Weimarer Ausgabe), Bd. 35, S. 130 f.

Über Goethes Sammlungen: Erich Trunz: *Goethe als Sammler*. In: Erich Trunz: *Ein Tag in Goethes Leben*. Beck Verlag 2006, S. 72–100.

Der Sammler-Satz in der Zweig-Novelle: Stefan Zweig: *Die unsichtbare Sammlung*. Reclam 1964 (n. d. Originalausgabe 1927), S. 18; online z. B. beim Projekt Gutenberg auf: http://gutenberg.spiegel.de/buch/die-unsichtbare-sammlung-7042/2.

»Stell Dir vor, es ist Krieg,
und keiner geht hin.«

Bertolt Brecht

Wahrheitsgehalt: 0 Prozent
Art der Verfälschung: Umformulierung, Zuschreibung
Kreativitätsgrad: ✳ ✳ ✳
Urheber des Originals: Carl Sandburg, 1936
Urheber der deutschen Fassung: Johannes Hartmann, April 1981
Zuschreibung zu Brecht: unbekannt, Ende der siebziger Jahre

Ein Satz über Krieg,
den Brecht tatsächlich gesagt hat:

*»Zieht nun in neue Kriege nicht,
ihr Armen / Als ob die alten nicht gelanget hätten.«*

In den Achtzigerjahren konnte man diesem Satz nicht ent-
rinnen – er stand auf Postkarten und T-Shirts, prangte auf
Hauswänden und in WG-Klos und diente als Mutmacher für
Kriegsdienstverweigerer. Er besaß allerdings eine verborge-
ne Pointe: Oft nämlich fand sich ein Besserwisser, der der
pazifistischen Euphorie die Luft raus ließ, indem er (häufig
auch: sie) in triumphierendem Tonfall erklärte: »So hat Brecht
das aber gar nicht gemeint, im Original geht das nämlich
weiter: ›dann kommt der Krieg zu Dir!‹« Das war ein echter
Stimmungskiller, denn die Naivlinge mussten einsehen, wie
nutzlos ihr Pazifismus wäre, wenn tatsächlich ein Krieg los-
bräche.

Die Wahrheit aber ist: Weder der erste noch der zweite
Teil des Satzes ist von Brecht, es gibt also gar kein »Original«.
Zu Brecht kommen wir trotzdem noch, aber erstmal müssen
wir rüber in die USA. Jedenfalls ist die Geschichte ein hübsches Beispiel für das Eigenleben, das so ein Satz entfalten
kann, wenn er auf eine geeignete Zeitströmung trifft.

Der Ursprungssatz stammt aus dem Gedicht »The People, Yes«
von Carl Sandburg, erschienen 1936. Gedicht? Es ist ein Epos
von 200 Seiten, eine wilde Mischung aus Versen und kleinen
Essays, durchsetzt mit Dialogen, Anekdoten, Lebensweisheiten, Bauernregeln und Kalauern. Es enthält präzise Beschrei-
bungen der Arbeitswirklichkeit, in den Hochöfen und auf
den Ölplattformen, in den Wäschereien und Hotels, in den
Läden und auf den Feldern – ein Stück expressionistischer
Literatur, mit teils poetischen Sprachbildern, durchdrungen

von Lebensweisheit und Sympathie für die einfachen Leute, für das hart arbeitende, leidende und von den Mächtigen hinters Licht geführte Volk.

Und eine der in dem Text meist unvermittelt auftauchenden Anekdoten geht so: »Das kleine Mädchen sah ihre erste Truppenparade und fragte: ›Was sind das für welche?‹ – ›Das sind Soldaten.‹ – ›Soldaten?‹ – ›Die sind für den Krieg. Sie kämpfen, und jeder versucht, so viele von der andren Seite umzubringen, wie er kann.‹ Das Mädchen hielt inne und überlegte. ›Weißt du … ich weiß was.‹ – ›Nun, was weißt du denn?‹ – ›Einmal werden sie einen Krieg geben, und keiner wird kommen‹« Dieses *sometime they'll give a war and nobody will come* ist also der Ursprung des Ganzen.

Soweit diese Geschichte, die zunächst kaum bekannt wurde. 1966 aber schrieb die Journalistin Charlotte E. Keyes im *McCalls Magazine* einen langen Artikel über ihren Sohn Gene, der zum radikalen Kriegsdienstverweigerer geworden und dafür ins Gefängnis gegangen war. Überschrift des Artikels: »Suppose They Gave a War and No One Came«. *McCalls* war eine Familienzeitschrift mit einer Auflage von mehreren Millionen; und der Artikel, geschrieben aus der Perspektive der besorgten Mutter, traf einen Nerv. Der Satz aus der Überschrift tauchte wenig später auf einem Autoaufkleber auf, den wiederum der Fernsehmoderator David Brinkley eines Abends auf *NBC* in die Kamera hielt – und einer der populärsten Slogans gegen den Vietnamkrieg war geboren.

Irgendwann in den Siebzigerjahren (Geduld, Brecht kommt gleich!) muss der Satz den Atlantik überquert haben, zum Beispiel in Robert Reisners Buch *Graffiti*, in dem er enthalten ist, aber sicher auch durch persönliche Kontakte. Anfangs hatte der Satz in Deutschland noch die Form: »Stell Dir vor, sie geben einen Krieg …« – was ja merkwürdig klingt und darauf hinweist, dass er wörtlich aus dem Englischen übersetzt ist.

Doch dann, im Frühjahr 1981, kam der junge Hamburger Grafiker Johannes Hartmann. Der hatte den Auftrag, für ein »alternatives Volksfest« am 1. Mai in den Hamburger Messehallen ein Plakat zu entwerfen. Hartmann suchte einen originellen Spruch, erinnerte sich an ein Graffiti, das er »zwei, drei Jahre vorher an einer Wand in Ottensen gesehen« hatte, fand es aber nicht mehr und entschied sich »für die Formulierung, die ich für die beste hielt«. Hartmanns Grafik – mit Tipp-Ex auf die Zeichnung einer Ziegelmauer gepinselt, sodass es aussieht wie ein Graffiti auf einer Wand – ist die Version, in der sich der Spruch am stärksten verbreitete: »Stell Dir vor, es ist Krieg, und keiner geht hin.« Das Plakat wurde gedruckt und hundertfach in Hamburg aufgehängt.

»Bereits während der 1.-Mai-Demonstration«, berichtet Hartmann, »war zu sehen, dass der Spruch eine starke Wirkung entfaltete. Viele Demonstranten bastelten mit dem Plakat eigene Transparente und Schilder oder schnitten den Spruch heraus und befestigten ihn auf ihren Jacken.« Schließlich entstand die Idee, von dem Spruch Plakate und Postkarten zu drucken und vom 17. bis 21. Juni auf dem evangelischen

Kirchentag zu verkaufen, wo sie den Verkäufern, so Hartmann, »aus den Händen gerissen wurden«. Zeitgleich (15. Juni 1981) erwähnte der *Spiegel* den Satz in einer Titelgeschichte über die Friedensbewegung; zudem verbreitete er sich durch mehrere Fotografen, die ihre Ateliers in einem Bunker am Heiliggeistfeld hatten, wo Hartmann den Satz als Vorbereitung für seinen Plakatentwurf auch an die Wand gesprüht hatte. War der Spruch also bis dahin in Deutschland wenig bekannt gewesen, verbreitete er sich nun schlagartig, und zwar in der Form, die Hartmann ihm gegeben hatte.

Zugleich gab es aber auch Gegrummel in der linken Szene. Mehrere Leute, berichtet Hartmann, hätten ihn darauf angesprochen, der Spruch »stimme so gar nicht«. Und hier kommt nun (endlich!) Brecht ins Spiel. Wenn die Besserwisser nämlich richtig gut drauf waren, krähten sie nicht nur die vermeintlich fehlende Zeile *dann kommt der Krieg zu Dir!*, sondern sie hatten noch eine weitere Fortsetzung parat: »Wer zu Hause bleibt, wenn der Kampf beginnt«, dozierten sie mit erhobenem Zeigefinger, »Und lässt andere kämpfen für seine Sache / Der muss sich vorsehen; denn / Wer den Kampf nicht geteilt hat / Der wird teilen die Niederlage.«

Das ist nun tatsächlich Brecht, aber es hat weder mit Carl Sandburgs Geschichte noch mit Krieg etwas zu tun. Die Zeilen stammen aus Brechts »Koloman-Wallisch-Kantate«, einem breit angelegten, unvollendet gebliebenen Epos über das Schicksal eines Arbeiterführers beim brutal niedergeschlagenen Februaraufstand in Österreich im Jahr 1934. An der Kantate hatte Brecht lange gearbeitet, sie sollte von Hanns Eisler vertont werden; aber als nach dem Krieg der real existierende Sozialismus sich immer deutlicher gegen die Arbeiterklasse zu wenden begann, gaben die beiden die Arbeit daran auf, die Kantate blieb Fragment. Lediglich neun Zeilen aus ihr waren unter dem Titel »Wer zu Hause bleibt, wenn der Kampf beginnt« als Gedicht veröffentlicht worden.

Die doppelte Verfremdung bestand also darin, dass jemand zu dem Sandburg-Satz eine Ergänzung erfand (»… dann kommt der Krieg zu Dir«) und das Ganze dann Brecht zuschrieb und vor die Passage aus der »Koloman-Wallisch-Kantate« hängte. Wer das war, lässt sich nicht mehr feststellen.

Aber zumindest für den Erfinder des zweiten Halbsatzes »… dann kommt der Krieg zu Dir« gibt es einen ernsthaften Kandidaten: Es ist Ernst Herzig, der damalige Chefredakteur der Zeitschrift *Schweizer Soldat.* Der räsonierte im Editorial der Zeitschrift im März 1982 recht nachdenklich über den Satz und was er eigentlich bedeutet – und fragte sich: »Aber, wenn Krieg kommt, dann muss doch schon wer hingegangen sein! Krieg ist ja nicht eine Naturkatastrophe wie ein Erdbeben …« Sein Fazit: »Stell dir vor, es kommt Krieg, und keiner geht hin – dann kommt der Krieg zu euch!«

Durch diese Umkehrung aber bekam das Ganze eine neue Dynamik. Der originelle, harmlose Antikriegsspruch verwandelte sich endgültig in eine politische Waffe – für die Gegenseite. Wer die Friedensbewegung verunglimpfen wollte, tat dies fortan mit Verweis auf die »wahre Natur«

dieses Satzes, der ja »genau das Gegenteil« von dem meine, was die Friedensfreunde suggerierten. Der CDU-General-sekretär Heiner Geißler drosch so auf die SPD ein, der hessische Landtagsabgeordnete Rolf Müller gab zum Thema »Das verfälschte Brecht-Zitat und die Friedensbewegung« sogar eigens eine Presseerklärung heraus. Und der ZDF-Moderator Gerhard Löwenthal sprach in seiner Sendung am 1. Dezember 1982 allen, »die in den diversen sogenann-ten Friedensbewegungen tätig sind«, energisch ins Gewissen. Raunend wies er darauf hin, die Parole »Stell dir vor, es gäbe Krieg, und keiner ginge hin« gehöre zu einem Gedicht, das wie folgt weitergehe: »Wer zu Hause bleibt, wenn der Kampf beginnt …« – und: »dieses Gedicht stammt von dem kom-munistischen Dichter Bertolt Brecht«. Was für den stramm konservativen Fernsehmann Löwenthal natürlich das stärks-te aller denkbaren Argumente war: Wenn schon dieser Kommunist sagt, dass Pazifismus nichts bringt, dann könnt ihr das doch bitte schön auch akzeptieren!

Die Sache nahm noch groteskere Formen an: Die *Welt* druck-te das vermeintlich komplette und in Wahrheit komplett falsche »Brecht-Gedicht« samt der vermeintlich präzisen Quellenangabe »Die Gedichte des Bertolt Brecht, Suhrkamp Verlag, S. 503«. Was vollkommener Unsinn war, denn wenn nur einer der Redakteure mal nachgeschaut hätte in dem Suhrkamp-Band auf Seite 503, hätte er eben die ersten beiden Zeilen dort nicht gefunden. Weil sie nicht von Brecht waren und dort nie gestanden hatten.

Das Irre dabei ist, dass diejenigen, die mit dem angeblichen »Brecht«-Gedicht hantierten, den anderen vorwarfen, sie nutzten ein verfälschtes »Brecht«-Gedicht. Was einen Autor im Fachmagazin *Sprachdienst* zu dem launigen Kommentar veranlasste: »Wählst Du einmal Brecht als Motto, wäg' die Chancen, wie im Lotto!«

Bei dieser turbulenten Geschichte soll das Schlusswort ein Gemütsmensch haben: Gerhard Polt. Von den unzähligen Verballhornungen des Satzes (»Stell Dir vor, es gibt Freibier, und keiner weiß, wo«) hat er eine produziert, die sich in klassisch bayerischer Dialektik selbst aufhebt: »Stellen Sie sich vor, wir hätten in West und Ost lauter Pazifisten, und dann käme der Ernstfall daher.« Interessante Vorstellung, damals wie heute.

Anmerkungen:

Zieht nun in neue Kriege nicht: Aus dem Gedicht »An meine Landsleute«.
In: *Die Gedichte von Bertolt Brecht*, Suhrkamp 1981, S. 965.

Die Originalpassage: Carl Sandburg: *The People, Yes*. Verlag Harcourt, Brace and
Company 1936, S. 43. In der deutschen Ausgabe (Carl Sandburg: *Das Volk,
jawohl*. Aufbau-Verlag 1964) findet sich die Stelle auf S. 73.

Der Zusammenhang zwischen Carl Sandburg und Charlotte Keyes (und warum
Ch. Keyes das Original auch schon leicht falsch zitierte): Ralph Keyes: *The Quote
Verifier*. St. Martins Griffin 2006, S. 239. Es gibt übrigens noch eine weitere Spur,
die über Carl Sandberg hinaus auf Thornton Wilder zu weisen scheint: Harpo
Marx von den Marx Brothers schreibt in seiner Autobiografie *Harpo speaks*
(Limelight Editions 1962, S. 417; in der dt. Fassung ist die Passage nicht
enthalten): »Meine Lieblingsgeschichte von Thornton Wilder ist die, wo ein
kleines Mädchen ihn fragt, was Krieg ist. Und Wilder antwortet: ›Eine Million
Männer mit Gewehren geht raus und trifft eine andere Million Männer mit
Gewehren, und alle schießen und versuchen sich gegenseitig umzubringen.‹ Das
Mädchen dachte nach und sagte: ›Aber wenn niemand hingeht?‹ Und darauf
hatte Wilder keine Antwort.« [*Übersetzung von mir, MR*] Es sieht aber so aus, als
ob Harpo Marx sich hier irrte und die Geschichte in seiner Erinnerung Wilder
zugeschrieben hat. Jedenfalls hat niemand anderes die Geschichte jemals mit
Wilder in Verbindung gebracht, und auch Wilder-Experten kennen sie nicht.
Lincoln Konkle von der *Thornton Wilder Society* (persönliche Mitteilungen vom
20.3. und 21. 3.2017) hält es auch für möglich, dass Thornton Wilder Harpo Marx
die Geschichte erzählt und dieser sie im Nachhinein als Wilders persönliches
Erlebnis erinnert habe.

Der Artikel von Charlotte Keyes: Ch. E. Keyes: »Suppose They Gave a War and
No One Came«. In: *McCalls Magazine*, Oktober 1966, S. 26–29.

Der Satz bei Robert Reisner: R. Reisner: *Graffiti. Two Thousand Years of Wall
Writing*. Cowles Book Company Inc. 1971, S. 190.

Das aus der Koloman-Wallisch-Kantate herausgelöste Brecht-Gedicht: Bertolt
Brecht: *Wer zu Hause bleibt, wenn der Kampf beginnt …* In: Gedichte 9, Nachträge
zu den Gedichten 1913–1956. Suhrkamp 1965, S. 42.

Die Urform des Satzes »Stell dir vor, sie geben *einen Krieg ...*«: z. B. in Norbert Ney (siehe folgende Anmerkung); auch Th. Östreicher, persönliche Mitteilung vom 9.3.2017; siehe auch die Shell-Jugendstudie 1981, dort findet sich die Form »Stell Dir vor, sie machen Krieg, und keiner käme« (*Jugend 81*, Bd. 1, S. 448). Die *taz* titelte noch 1983 »Stellt Euch vor, sie geben eine Volkszählung, und keiner macht mit«. Zu dieser Zeit war ja die knappere Form »*es ist* Krieg ...« längst etabliert – dass die *taz* dennoch die längere, sprachlich unelegantere Form wählt, kann nur bedeuten, dass der/die RedakteurIn den Satz schon von früher kannte und dementsprechend für das »Original« hielt.

Norbert Ney: Stell Dir, Sie geben einen Krieg, und keiner kommt! In: H. Wohlgemuth: *Frieden: Mehr als nur ein Wort.* Rowohlt 1981, S. 85.

Der Satz im Spiegel: *Der Spiegel,* 15.6.1981, S. 32.

Die Geschichte aus Hartmanns Sicht: Auf: johanneshartmann.de/stell-dir-vor-es-ist-krieg-und-keiner-geht-hin.html.

Das Editorial in der Zeitschrift Schweizer Soldat: Ernst Herzig: »Stell dir vor, es kommt Krieg und keiner geht hin ...« In: *Schweizer Soldat* 3/1982, S. 3. Auch Herzig bezeichnet den Satz übrigens schon als »Zitat des kommunistischen Dichters Bertolt Brecht«.

Geißler, Müller, Löwenthal etc.: Stephan Börnecke, Michael Grabenströer: »Eine Sprechblase für Brecht und ein Aha-Erlebnis«. In: *Frankfurter Rundschau,* 5.8.1983, S. 3; zu Löwenthal siehe auch: *Der Sprachdienst 27*, Heft 9/10 (September/Oktober) 1983, S. 159.

Das falsche Brecht-Gedicht komplett: »Gelesen«. In: *Die WELT*, 2.3.1983, S. 8.

Der Artikel im Sprachdienst: Ralf Bülow: »Stell Dir vor es gibt einen Spruch«. In: *Der Sprachdienst 27*, Heft 7/8 (Juli/August 1983), Gesellschaft für deutsche Sprache 1983.

Die Polt-Paraphrase: Das Gerhard-Polt-Postkartenset. Kein & Aber Verlag, 2012.

»Traue keiner Statistik, die du nicht selbst gefälscht hast.«

Winston Churchill

Wahrheitsgehalt: 0 Prozent
Art der Verfälschung: Zuschreibung
Kreativitätsgrad: ✳ ✳ ✳
Urheber: unbekannt; vermutl. teilw. Nazipropaganda 1940/41

Ein Satz über Fakten,
den Churchill wirklich gesagt hat:

*»Du musst die Tatsachen anschauen,
denn sie schauen dich an!«*

»Wenn der Krieg ausbricht, ist das erste Opfer die Wahrheit«– die alte Weisheit galt natürlich auch im Zweiten Weltkrieg. Im Juli 1940 begann die deutsche Luftwaffe England zu bombardieren, Hitler hatte nach dem überraschend schnellen Sieg über Frankreich den Angriff befohlen. Er plante eine Invasion, vorher sollte das Land sturmreif geschossen werden. Winston Churchill wiederum war kurz zuvor zum Premierminister gewählt worden und hatte seine berühmte Blut-Schweiß-und-Tränen-Rede gehalten, in der er die Nation auf den Kampf gegen Hitlerdeutschland einschwor. Instinktiv begriffen die Naziführer, dass ihnen mit Churchill plötzlich ein gefährlicherer Gegner gegenüberstand, als es der vorige Premierminster Chamberlain gewesen war.

Mit einem publizistischen Trommelfeuer ohnegleichen versuchte die deutsche Presse daraufhin, Churchill zu diskreditieren und ihn insbesondere als Lügner darzustellen; der Befehl dazu kam von Goebbels persönlich. Ab dem Sommer 1940 veröffentlichte der *Völkische Beobachter*, das Kampfblatt der Nazis, eine drastische Schlagzeile nach der anderen: »Churchill tröstet, prahlt und winselt« (13. September 1940); »Churchills Lügen schlagend widerlegt« (18. September 1940); »General Bluff ergreift die Offensive« (3. Oktober 1940); »Churchills Zweckstatistik« (12. Oktober 1940); »Churchill im eigenen Lügennetz gefangen« (8. November 1940); »Lügenbomben aus Churchills Maul« (26. November 1940); »Der totale Lügenkrieg als letzte englische Hoffnung« (28. Januar 1941). Selbst das Nachlassen des deutschen Bombardements

stellte die völkische Presse noch als Sieg dar: »Londoner Lügentaktik zusammengebrochen«, hieß es am 4. März 1941, als die deutschen Angriffe spärlicher wurden, weil bereits der Überfall auf die Sowjetunion vorbereitet wurde.

Dazu kamen die Karikaturen. Auf der berühmtesten, mit der Unterzeile »Lügen haben kurze Beine« sieht man einen dicken, schwitzenden und zigarrerauchenden Churchill, wie er von einer langbeinigen, vollbusigen und bis auf eine Mütze nackten »Veritas«, die den *Deutschen Heeresbericht* in der Hand hält, leichtfüßig überholt wird. Die arische Wahrheit war also nicht nur jünger und schneller als der verhasste Engländer, sondern auch verdammt sexy.

Goebbels Anweisungen an die Presse lassen sich bis ins Detail nachweisen. So heißt es anlässlich der Unterhausdebatte bei Churchills Wahl zum Premierminister: »Die Rede von Samuel Hoare soll kurz zerpflückt werden; Lloyd Georges kann mit kleinen Änderungen ganz erscheinen; Churchills soll mit ein paar witzigen Bemerkungen abgetan werden.« Und am 14. August 1940, als der Luftkrieg in vollem Gang war: »Der Minister weist auf die Notwendigkeit hin, dass die Glaubwürdigkeit der englischen Meldungen über die Luftkampfergebnisse auch weiter durch systematische Arbeit erschüttert werden.« Oder am 7. Oktober 1940: »Die deutsche Presse muss ununterbrochen die englische Illusionskampagne zu paralysieren suchen, ohne Rücksicht darauf, ob es der Presse langweilig wird oder nicht.«

Für Goebbels waren Lügen ein normales Kommunikations-
mittel – das man aber möglichst gezielt einsetzen sollte. So
forderte er, »dass man sich zur Lancierung von Lügen niemals
amtlicher Apparate, Nachrichtenagenturen usw. bediene,
sondern man muss grundsätzlich die Quelle einer Lüge sofort
vernebeln.«

Bei Churchill dagegen gibt es keinen Hinweis darauf, dass
er sich jemals zur Fälschung als Werkzeug bekannt hätte. Im
Gegenteil, er äußert sich mehrmals geradezu liebevoll über
sein Verhältnis zur Statistik. So notierte sein Mitarbeiter John
Colville am 10. August 1940: »Winston ließ Professor Linde-
mann und mich einige seiner geliebten Statistiken und Ta-
bellen holen und begann die Nachschubsituation zu erläutern.«
Eine von Churchills ersten Amtshandlungen als Kriegspremier war die Einrichtung einer eigenen Statistik-Abteilung.
Zwar hatte natürlich jedes Ministerium seine Statistiker, aber
die arbeiteten mit unterschiedlichen Methoden, sodass die
Zahlen nicht kompatibel waren. Churchill zufolge war die
neue Abteilung ein Erfolgsfaktor für seine Politik: »Obschon
die Statistische Sektion nur einen Teil meines Amtsgebiets
bearbeiten konnte, trug sie außerordentlich viel dazu bei, mir
einen genauen und umfassenden Überblick über das ungeheure Tatsachen- und Zahlenmaterial zu ermöglichen, das
auf uns einstürmte.«

Wie aber nun daraus der Satz wurde, »Ich glaube keiner
Statistik, die ich nicht selbst gefälscht habe«, und wer ihn als
erster Churchill zuordnete, das ist bisher nicht bekannt. In
den unzähligen aus der Nazizeit überlieferten Sitzungspro-

tokollen, Berichten, Presseanweisungen, selbst in Goebbels Tagebüchern, die voller Beschimpfungen sind, findet er sich jedenfalls nicht.

Und auch bei Churchill selbst lässt sich der Satz nicht nachweisen. Noch verblüffender: Er ist in England völlig unbekannt. Zwar kursieren auch im angelsächsischen Sprachraum falsche Churchill-Zitate, aber andere als bei uns. Das Statistische Amt von Großbritannien beantwortete einmal eine offizielle Anfrage des Statistischen Landesamts Baden-Württemberg zu dem vermeintlichen Churchill-Zitat folgendermaßen: »Wir haben eine Reihe gedruckter Quellen und erfahrener amtlicher Statistiker konsultiert, und niemand hatte von diesem Satz gehört.« Richard Langworth, einer der führenden Churchill-Experten, antwortete auf meine E-Mail-Anfrage: »Ich habe in meiner Datenbank nachgeschaut, und ich kann Ihnen versichern, dass der Statistik-Satz unter den 15 Millionen Wörtern von Churchills Büchern, Artikeln, Reden und privaten Papieren nicht auftaucht.« Auch das Standardwerk *The Quote Verifier*, das rund tausend Zitate auf seine Herkunft untersucht, führt das angebliche Churchill-Zitat nicht.

Interessanterweise gab es aber den Satz selbst – ohne Zuschreibung zu Churchill – bereits kurz nach dem Krieg. Und das spricht wiederum dafür, dass er damals schon ein einigermaßen geflügeltes Wort war. 1946 schrieb Hanns-Erich Haack in der Zeitschrift *Deutsche Rundschau*: »Was nutzt es also, wenn gewisse deutsche Regionen versuchen, die Welt zu überzeugen, sie seien an dem nazistischen Unheil ›weniger‹ schuld als ihre Brüder jenseits des Flusses? So viel haben sie schon gelernt, dass sie nur den Statistiken glauben, die sie selbst gefälscht haben.« Dieser älteste bekannte Beleg stammt ausgerechnet aus der *Deutschen Rundschau*, dem Sprachrohr der konservativen intellektuellen Nazigegner. Ihr Herausgeber Rudolf Pechel hatte mehrere Jahre in Gefängnissen und Konzentrationslagern verbracht und nur mit Glück überlebt. Pechel hatte in den Jahren vor dem Krieg die Methode zur Kunst entwickelt, Dinge auf indirekte Weise zu kritisieren. Er schrieb beispielsweise über die Geheimpolizei der Sowjets auf eine Weise, dass die Parallelen zum Nazistaat erkennbar wurden. Ausgerechnet hier also schreibt einer den Satz mit der gefälschten Statistik. Und die Art und Weise, wie Pechel den Begriff handhabt (»soviel haben sie schon gelernt«), kann man durchaus so verstehen, dass er damit die jahrelange Gehirnwäsche durch die gleichgeschalteten Medien im Dritten Reich meint.

Es sind also bei der Entstehung des falschen Zitats drei Phasen zu unterscheiden:

1. die Nazipropaganda, die Churchill gezielt als Lügenmonster aufbaute;

2. der Satz von der gefälschten Statistik, der möglicherweise unabhängig davon bereits existierte;

3. die Verknüpfung des Satzes mit Churchill, die sicherlich
   später stattfand; der älteste bekannte Beleg als »Churchill-Zitat« findet sich in einem Buch von 1981.

Seither macht der Satz fröhlich Karriere. »Das Zitat ist nicht
totzukriegen«, bestätigt Martin Ratering vom Statistischen
Landesamt Baden-Württemberg, das sich seit vielen Jahren
geradezu liebevoll um den Satz kümmert. Ein inzwischen
verstorbener Mitarbeiter des Amts, Werner Barke, hatte einst
begonnen, nachzuforschen, ob Churchill den Satz tatsächlich
gesagt hat, und 2004 einen ersten Aufsatz dazu publiziert.
Inzwischen fasst das Amt den Stand der Forschung in einer
Broschüre zusammen, die es auf Anfrage verschickt – oder
auch unaufgefordert, wenn wieder einmal eine Redaktion
den Satz kommentarlos als Churchill-Zitat bezeichnet hat.
»Selbst Kollegen, die eigentlich wissen, wie der Kenntnisstand
ist, erliegen immer wieder der Versuchung, den Satz als
›Churchill-Zitat‹ zu bringen«, sagt Ratering, »was dann zu
Formulierungen führt wie ›das angebliche Churchill-Zitat‹
oder ›der Churchill zugeschriebene Satz …‹. Irgendwie will
man wohl auf den großen Namen nicht verzichten.« Raterings
sarkastisches Fazit: »Goebbels' langer Arm reicht offenbar –
wenn auch für die meisten Verwender unbewusst – bis in
unsere Zeit.«

Anmerkungen:

Du musst die Tatsachen anschauen: zitiert nach Christof Drösser: *Stimmt's? Alle modernen Legenden im Test.* Rowohlt 2003, S. 410.

Die Schlagzeilen des Völkischen Beobachters: zitiert nach Werner Barke: *Ich glaube nur der Statistik ... Was Winston Churchill über Zahlen und Statistik gesagt haben soll – und was er wirklich sagte.* Broschüre, 32 Seiten. Statistisches Landesamt Baden-Württemberg, 6. Auflage 2011 (eine kürzere Fassung erschien bereits im Nov. 2004 als Aufsatz im Statistischen Monatsheft Baden-Württemberg).

Die Karikatur: W. Barke, a. a. O., S. 19.

Goebbels' Anweisungen an die Presse: W. Barke, a. a. O., S. 17 f.

Zu Goebbels' Verhältnis zu Churchill, zur Presse etc. siehe auch: Elke Fröhlich: *Joseph Goebbels und sein Tagebuch. Zu den handschriftlichen Aufzeichnungen von 1924 bis 1941.* Vierteljahreshefte für Zeitgeschichte, Oktober 1987 (35. Jg.), S. 489–522.

Churchills Liebe zur Statistik: W. Barke, a. a. O., S. 12 ff.

In England ist der Satz als Churchill-Zitat unbekannt: W. Barke, a. a. O., S. 6, S. 10 f.

Bei Churchill ist das Zitat nicht nachweisbar: Richard Langworth, persönliche Mitteilung vom 29.1.2015; Ralph Keyes: *The Quote Verifier. Who said what, where, and when.* St. Martin's Griffin 2006 (zu Churchill siehe besonders die Seiten 25 bis 29).

Das erste Auftauchen des Satzes (ohne Zuschreibung zu Churchill): *Deutsche Rundschau*, April 1946, S. 139; siehe auch de.wikipedia.org/wiki/Liste_geflügelter_Worte/T.

Die älteste bekannte Zuschreibung zu Churchill: Peter Koch: *Wahnsinn Rüstung. Das Bombengeschäft mit der Angst – Ist der 3. Weltkrieg zu vermeiden*? Gruner + Jahr 1981, S. 92.

Das Zitat ist nicht totzukriegen (sowie alles weitere von Martin Ratering): Martin Ratering, Statistisches Landesamt Baden-Württemberg, telefonisches Interview am 9.1.2017.

»Und sie bewegt sich doch!«

Galileo Galilei

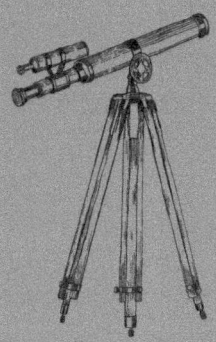

Wahrheitsgehalt: 0 Prozent
Art der Verfälschung: Zuschreibung
Kreativitätsgrad: ✳ ✳ ✳
Urheber: unbekannt, ab 1643

Was Galilei zur Inquisition wirklich gesagt hat:

*»Ich habe also einen Irrtum begangen, und zwar,
wie ich bekenne, aus eitlem Ehrgeiz, reiner
Unwissenheit und Unachtsamkeit.«*

Es ist der berühmteste Konflikt der Wissenschaftsgeschichte, und die Rollenverteilung ist klar: hier der nüchterne Wissenschaftler, der die von ihm erkannten Fakten vertritt und unerschrocken an seiner Überzeugung festhält, dass die Erde sich dreht; dort die borniérten Kirchenmänner, die wörtlich an die Bibel glauben. Und als sie ihn schließlich wegen Ketzerei verurteilen, murmelt er beim Abgehen trotzig: »Und sie bewegt sich doch!«

Soweit die Legende. Sie entstand schon bald nach Galileis Tod 1642. Auf einem aus dem Jahr 1643 oder 1645 stammenden Gemälde sieht man Galilei im Kerker sitzen, wie er mit dem Finger auf den Satz deutet: »*Eppur si muove!*«. Verschiedene Autoren verbreiteten den Satz, und er hat sich durch die Jahrhunderte wohl vor allem deshalb so hartnäckig gehalten, weil er die ganze komplizierte Geschichte auf genial einfache Weise zusammenfasst.

Die Historiker aber sind sich einig, dass er es nicht gesagt hat – nie im Leben, könnte man kalauern, denn am Ende ging es wirklich um Leben und Tod, und mit der Letzte, der das in heillosem Schrecken begriffen hatte, war Galilei selbst. Der Prozess und das Urteil, auch da stimmen die meisten Historiker überein, gehören zu den größten Dummheiten, die die Kirche je gemacht hat; nicht nur weil sie jetzt auf ewig den Ruf hatte, wissenschaftsfeindlich zu sein, sondern weil der Prozess immer wieder ihren eigenen Regeln widersprach: Es wurden Verfahrensfehler gemacht und Irrtümer produziert, Formalien missachtet und arglistige Tricks angewandt; auch wurde Galilei immer wieder im Unklaren darüber gelassen, wie es gerade um ihn stand.

Dass das Ganze sich so zugespitzt hatte, lag freilich auch an Galilei selbst. Er hatte den Streit zu einem Machtkampf gemacht, den er nicht gewinnen konnte. Worum ging es denn eigentlich? Um nichts weniger als die Frage, wie die Welt und das Universum beschaffen sind. Heute sind wir schlauer; seit Douglas Adams' Science-Fiction-Klassiker *Per Anhalter durch die Galaxis* weiß man, dass die Antwort auf die große Frage »nach dem Leben, dem Universum und dem ganzen Rest« schlicht »42« lautet. Damals aber war das nicht so einfach. Die Kirchen hatten noch eine Menge mitzureden; und die Frage, ob die Sonne sich um die Erde dreht oder umgekehrt, war nicht nur ein wissenschaftliches Problem. Die »klassische« Version war ja die, dass die Erde den Mittelpunkt des Universums bildet und die Sonne und die anderen Himmelskörper um sie kreisen. Die neue Theorie des Kopernikus dagegen, 1543 veröffentlicht, sagte aus, dass die Erde sich um die Sonne dreht. Das alte Weltbild war vertraut, es entsprach der Alltagswahrnehmung und stand im Einklang mit der Bibel. Aber je genauer man die Bahnen der Himmelskörper beobachtete, desto weniger passten sie in das System. Das neue Weltbild war deshalb eine interessante Hypothese.

Kopernikus hatte seine Thesen allerdings jahrzehntelang zurückgehalten – aber nicht aus Angst vor der Kirche, sondern weil er den Spott der Kollegen fürchtete. Die Theorie war nämlich mit der heißen Nadel gestrickt. Es gab zahlreiche Ungereimtheiten, es fehlten überzeugende Daten. Im Grunde war das Ganze nicht viel mehr als eine Behauptung, die zwar mit einigen Argumenten unterfüttert war, aber auch mit vielen Mutmaßungen und mit reichlich mittelalterlicher Mystik gespickt. Es war ausgerechnet der Papst, der Kopernikus ermunterte, seine Theorie zu veröffentlichen; doch auch dann brauchte es noch Jahre und das Drängen von Kollegen, bis Kopernikus das Buch endlich in Druck gab. Schlecht geschrieben war es auch.

Galilei, 1564 geboren, hatte als Student von der Theorie des Kopernikus erfahren und sie sich zu eigen gemacht. Berühmt wurde er zunächst aber durch andere Leistungen: 1610 entdeckte er mit dem kurz zuvor erfundenen Teleskop die Monde des Jupiters, die ersten Himmelskörper außer den bis dahin bekannten Planeten. Und bald entdeckte er die Phasen der Venus – ein Indiz dafür, dass sie sich um die Sonne dreht. Das waren starke Anzeichen dafür, dass das alte Weltbild nicht mehr zu halten und Galilei auf der richtigen Spur war.

Doch statt geduldig an dem Thema dranzubleiben, steigerte er sich in eine Raserei gegen die borniert en Kollegen hinein. Seine Beschimpfungen waren legendär. Die, die nicht an sein System glaubten, nannte er »stumpfsinnige Mondkälber« oder »geistige Pygmäen«, die es »kaum verdienten, menschliche Wesen genannt zu werden«. Damit beleidigte er nicht nur die weltlichen Kollegen, die in der Tat oft ignorant waren, sondern auch die Astronomen im Dienst der Kirche – und die gehörten zu den Besten. Er machte sich einmal sogar lächerlich, als er behauptete, einen neuen Beweis gefunden zu haben, der sich dann aber als heiße Luft herausstellte: Er wollte die Bewegung der Erde durch die Gezeiten erklären, was führende Astronomen schon damals nur noch mit den Augen rollen ließ.

Die Kirche baute ihm mehrmals goldene Brücken. 1616 erklärte sie die Lehre des Kopernikus für »falsch und in allen Punkten der Heiligen Schrift widersprechend«. Von Galilei war nicht die Rede. Er hätte es dabei bewenden lassen können. Die Kirche listete sogar auf, unter welchen Bedingungen das Buch des Kopernikus weiter erlaubt bleiben könne, wenn nämlich die Bezüge zur Theologie entfernt würden und die Theorie nicht als absolute Wahrheit dargestellt würde.

Hätte Galilei klare Beweise liefern können (wie später Johannes Keplers Berechnungen der Planetenbahnen), dann hätte die Kirche wohl eingelenkt – man verfügte da durchaus über eine gewisse Flexibilität. Ein Brief eines hohen Kardinals skizziert so einen Ausweg: Wenn es »einen wirklichen Beweis dafür gäbe, dass die Sonne im Zentrum des Universums ist«, schreibt der Kirchenmann, »dann müssten wir bei Auslegung von Stellen der Schrift, die das Gegenteil zu lehren scheinen, die größte Umsicht walten lassen und lieber sagen, wir verständen sie nicht, als eine Anschauung für falsch erklären, die als wahr bewiesen wurde. Ich bin indessen der Meinung, es gäbe keinen solchen Beweis«.

Der Wissenschaftstheoretiker Paul Feyerabend meint, Galileis Wahrheitsanspruch sei nicht weniger absolut gewesen als der der Kirche: »Es war eine Auseinandersetzung zwischen zwei undemokratischen Herrschaftsansprüchen.«

Galileis Fehler war, dass er aus einem wissenschaftlichen Disput, in dem er noch dazu keine guten Karten hatte, einen Machtkampf machte. Den konnte er nur verlieren. In gewisser Hinsicht war er seiner Zeit voraus: Er wollte eine Frage, die sich später von selbst erledigen sollte, zu früh und auf Teufel komm raus zuspitzen – die Frage nämlich, wer denn die Welt besser erklären könne, die Kirche oder die Wissenschaft.

Aber die Erde drehte sich weiter, auch ohne ihn. In dem Jahr, in dem Galilei starb, wurde Isaac Newton geboren.

Anmerkungen:

Ich habe also einen Irrtum begangen (Galilei in seinem erzwungenen Geständnis vor der Inquisition): Albrecht Fölsing: *Galileo Galilei. Prozeß ohne Ende,* Rowohlt 1996, S. 423.

Der Satz »Und sie bewegt sich doch« wurde nie gesagt: Büchmann: *Geflügelte Worte.* Ausgabe in drei Bänden, dtv 1967, S. 615; Walter Brandmüller: *Galilei und die Kirche oder: Das Recht auf Irrtum,* Verlag Friedrich Pustet 1982, S. 13; Gerhard Prause: *Niemand hat Kolumbus ausgelacht. Fälschungen und Legenden der Geschichte richtiggestellt.* Econ Verlag 1990, S. 168, 183; Fölsing, a. a. O., S. 435, S. 441.

Die Entstehung des Satzes: Brandmüller a. a. O., 13 f., S. 157; Büchmann a. a. O., S. 615.

Die große Frage nach dem Leben, dem Universum ...: Douglas Adams: *Per Anhalter durch die Galaxis.* Ullstein Verlag 1985, S. 164.

Der Brief des Kardinals Bellarmin: Fölsing, a. a. O., S. 299 ff.

Es war eine Auseinandersetzung zwischen zwei undemokratischen: Paul Feyerabend: »Die Wahrheit, das laute Kind«. In: *Der Spiegel* 28/83, 11.7.1983.

»Warum rülpset und furzet ihr nicht, hat es euch nicht geschmacket?«

Martin Luther

Wahrheitsgehalt: 1 Prozent
Art der Verfälschung: Zuschreibung
Kreativitätsgrad: ✳ ✳ ✳ ✳
Urheber des Originals:
vermutl. mittelalterliche Rezeptsammlungen
Urheber der Zuschreibung: unbekannt, vermutl. 18. Jahrhundert

Ein Satz übers Essen,
den Luther wirklich gesagt hat:

*»Ich esse, was mir schmeckt,
und leid' danach, was ich kann.«*

Jede Zeit hat ihren Luther. Jede Generation setzt ihre eigene Brille auf, biegt sich den Reformator nach ihren Bedürfnissen zurecht. Schon der erste Luther-Publizist, Johann Goldschmidt genannt Aurifaber, der Luther in seinem letzten Lebensjahr begleitet hatte und die ersten posthumen Schriften veröffentlichte, griff in den Wortlaut ein, schwächte manche derbe Formulierung ab, glättete hier, redigierte dort. Erst viel später, als die systematische Lutherforschung entstand, begann man, die originalen Handschriften heranzuziehen und die Eingriffe Aurifabers und anderer Bearbeiter wieder auseinanderzuklamüsern.

Im 18. Jahrhundert dagegen konnte Luther gar nicht derb genug sein. Damals entstanden all die Sätze, die Luther als kernigen, feucht-fröhlichen Lebemann zeigen sollen – wie das berühmte »Wer nicht liebt Wein, Weib, Gesang / der bleibt ein Narr sein Leben lang«, oder der angeblich auf ein gedeihliches Eheleben gemünzte Satz »In der Woche zwier / schadet weder ihm noch ihr«. Diese Sätze hat Luther weder gesagt noch geschrieben. Aber man traute sie ihm offenbar zu. Und »gewisse Kreise«, so meinte einst der Theologieprofessor und Luther-Forscher Helmar Junghans, waren seinerzeit daran interessiert, »ihren Lebensstil mit Luther-Zitaten zu belegen«.

Im 19. Jahrhundert wurde Luther noch einmal neu entdeckt, diesmal als Nationalheld. Während man den Cheruskerfürst Arminius zum germanischen Freiheitskämpfer »Hermann« stilisierte, wurde aus Luther der Mann, der den dekadenten Italienern und ihren deutschen Speichelleckern abermals die Grenzen aufzeigte und kraftvoll den Weg in eine

deutsche (weil deutschsprachige) Zukunft wies. Die Luther-Begeisterung trieb damals kuriose Blüten. So erzeugte der begnadete Fälscher Hermann Kyrieleis reihenweise angebliche Autografen, also handschriftliche Schriftstücke von Luther, darunter gleich mehrere Blätter mit dem berühmten Liedtext »Ein' feste Burg ist unser Gott« – die er so raffiniert mit Korrekturen und Streichungen versah, dass sie gerade deshalb für echt gehalten wurden.

Das muss man alles mitbedenken, wenn es darum geht, was Luther angeblich gesagt hat. Erschwert wird das Ganze dadurch, dass er tatsächlich enorm viel von sich gegeben hat, schriftlich wie mündlich. In Luthers letzten 15 Lebensjahren, also seit etwa 1531, war es üblich geworden, dass seine Anhänger praktisch jede seiner Äußerungen mitschrieben – nicht nur seine Vorlesungen, sondern auch das, was er bei Tisch von sich gab; diese Aufzeichnungen wurden als »Tischreden« bekannt. Luther billigte das; dabei ging es ihm aber nicht um seinen Nachruhm, sondern um die Verbreitung des Glaubens. Die Gefährten an Luthers Tafel, seine Studierenden, wie sie meist bezeichnet werden, waren keine Studenten im heutigen Sinn. Das waren gestandene Männer, die mit dem Austritt aus der katholischen Kirche einen mutigen und lebensentscheidenden Schritt getan hatten und nun einige Zeit in Wittenberg verbrachten, um von Luther Rat und Unterweisung für ihr weiteres Leben und Glauben zu bekommen.

Zurück zu »Warum rülpset ihr nicht«. Schon die mittelalterlich anmutende Formulierung ist ein Artefakt aus dem 18.

Jahrhundert. Laut dem Herausgeber von Luthers Tischreden, dem Literaturforscher Reinhard Buchwald, handelt es sich bei den gespreizten Verbformen wie »rülpset« und »furzet« um ein Missverständnis. Das sei »nicht Lutherdeutsch«, schrieb Buchwald, »sondern nachlutherische Kirchensprache, der Anfang jener breiten und salbungsvollen Ausdrucksweise, die zuletzt in dem uns allen wohlbekannten Traktätchenstil geendigt ist; der Beginn einer Verwässerung, die das Gegenteil von Luthers kernigem und holzschnittartigem Deutsch ist«. Man müsse sich klarmachen, so Buchwald, »dass zu Luthers Lebzeiten die deutsche Sprache, und zwar vorzüglich durch sein Eingreifen, ganz und gar im Werden war. Und das, was wir von diesem Werden zunächst erfassen können, ist *Schrift*sprache im eigentlichsten Sinn dieses Wortes. [...] So steht also zunächst lediglich fest, wie Luther *schrieb* und *drucken ließ*; dagegen ist mühsam zu erschließen, wie er eigentlich gesprochen hat. Und ganz gewiss ist jedenfalls, dass die Äußerlichkeit, an die wir fast stets bei der Luther- und Bibelsprache denken, nämlich die vielen unbetonten E's, die den Sätzen eine so hohle Getragenheit verleihen (lebet, sähet, lehrete, gesäet, geprediget, gemeinet, erniedriget), im Schriftbild keine andere Bedeutung hatte, als der grammatischen Veranschaulichung zu dienen. Die gesprochene Sprache wies das gerade Gegenteil auf: knappe, kurze Formen«.

Ja, meint auch der Sprachforscher Hartmut Günther von der Universität Köln: Luther war autoritär, manchmal derb, oft cholerisch, seine Sätze oftmals knackig. Er hätte nicht gemocht, dass man an seiner Bibelübersetzung herumfrickelt.

Andererseits war er natürlich als Übersetzer erfahren genug, um zu wissen, dass es manchmal keinen Sinn hat, allzu sehr am Wortlaut zu kleben. In einer Schrift namens *Sendbrief zum Dolmetschen* widmete er sich solch einem Übersetzerproblem, nämlich Jesus' Worten »Ex abundantia cordis os loquitur«. Wörtlich übersetzt hieße das etwa: »Aus dem Überfluss des Herzens redet der Mund«. Viel zu umständlich, meinte Luther, und schrieb stattdessen: »Wes das Herz voll ist, des geht der Mund über«. Klare Sprache, die sich bis heute erhalten hat.

Und tatsächlich hat kein anderer Mensch die deutsche Sprache so geprägt wie er. Feuereifer, Langmut, Lästermaul, Morgenland, Machtwort, Lückenbüßer – alles Wortschöpfungen von Luther. Es ist also schon irgendwie nachvollziehbar, dass gerade ihm so viele griffige Sentenzen angedichtet wurden.

Eines muss aber noch zum Furz gesagt werden. Luthers Sprache war manchmal grob bis hin zur Brutalität; er hasste die Juden und duldete (wenn auch unter Gewissensbissen), dass die Landesfürsten die aufständischen Bauern abschlachten ließen. Der Furz allerdings fällt bei ihm nicht nur unter das Stichwort Grobheit, sondern hatte auch eine seelenhygienische Funktion – darauf weist der Wittenberger Historiker und Luther-Experte Volkmar Joestel hin. Die Fäkalsprache bei Luther, meint Joestel, »wurzelt in einer alten Tradition, die bis auf den Kirchenvater Augustin zurückgeht: Die Toilette sei ein beliebter Aufenthaltsort von Dämonen und Teufeln, denen man am besten mit der höchstmöglichen Verachtung begegnet: Gestank gegen Gestank«. Luther selbst äußerte einmal: »Alle Nacht, wenn ich erwache, so ist der Teufel da und will an mich mit dem Disputieren. Da habe ich erfahren, wenn das Argument nicht hilft ›Christus ist ohne Gesetz und über dem Gesetz‹, so weise man ihn flugs mit einem Furz ab.« Und ein andermal: »Auch missfällt Gott die Traurigkeit des Herzens […]. Das weiß ich zwar, aber ich werde wohl zehnmal am Tag anders gesinnt. Und dennoch widerstehe ich dem Satan, jage ihn auch oft mit einem Furz hinweg.«

Doch selbst wenn man dem Furzen keine religiöse Rolle zubilligt, wie Luther es tat, war es damals nicht unüblich, die Darmwinde als Begleiterscheinung einer kräftigen Mahlzeit unbefangen zu thematisieren. Eine mittelalterliche Rezeptsammlung, *Das Buch von guter Speise*, empfiehlt, wenn auch halb im Scherz: »Du sollst nehmen Binsen / Liebstöckl und Minzen / das ist gute Würze / für die großen Fürze.« Und eine andere Schrift empfiehlt als sechsten und letzten Punkt einer Reihe von Tischsitten: »Wenn es dir schmeckt, lass hören ein Rülpsen und Furzen.« Das klingt natürlich dem angeblichen Lutherspruch schon so verblüffend ähnlich, dass man kaum an einen Zufall glauben mag.

Wie stark dieser Satz damals bekannt war oder sich in den folgenden Jahrhunderten verbreitet hat, ist schwer einzuschätzen; aber es ist schon sehr wahrscheinlich, dass irgendwann, möglicherweise im 18. oder 19. Jahrhundert, jemand den Satz umformuliert und mit Luther in Verbindung gebracht hat. Man fand ihn einfach passend. Und in gewisser Weise stimmt das ja auch.

Anmerkungen:

Anmerkung zum Wahrheitsgehalt: Luther hat den Satz mit großer Sicherheit nicht gesagt oder geschrieben, deshalb müsste man eigentlich 0 Prozent konstatieren, aber völlig auszuschließen ist es nicht (im Gegensatz beispielsweise zu dem Apfelbäumchen-Satz), deshalb gebe ich ein eher symbolisches Prozent. Und es trifft zudem (wenn auch aus anderen Gründen als allgemein vermutet, siehe das letzte Drittel des Textes) die Gepflogenheiten an Luthers Tafel, wo das Furzen dazugehörte.

Ich esse, was mir schmeckt: Martin Luther: *Tischreden*. WATR (Weimarer Ausgabe/Tischreden) 3, S. 594, Nr. 18.

Der Luther-Forscher Junghans: zitiert nach Christoph Drösser: *Stimmt's? Alle modernen Legenden im Test*. Rowohlt 2003, S. 341; siehe auch: Volkmar Joestel: *Tu's Maul auf! Was Luther wirklich gesagt hat*. Evangelische Verlagsanstalt 2013, S. 71–75.

Der Fälscher Kyrieleis: Werner Fuld: *Das Lexikon der Fälschungen*. Eichborn Verlag 1999, S. 164–66; siehe auch auf: https://archivalia.hypotheses.org/53650.

Das Missverständnis mit Luthers salbungsvoller Sprache: Reinhard Buchwald: *Luther im Gespräch. Aufzeichnungen seiner Freunde und Tischgenossen*. Alfred Kröner Verlag 1938, S. XXXII.

Der Sprachforscher Hartmut Günther über Luthers Sprache: Auf: www.luther2017. de -> Hartmut Günther.

Die Fäkalsprache bei Luther (sowie die folgenden Luther-Zitate über die Funktion des Furzes): Joestel a. a. O., S. 73 f.

Du sollst nehmen Binsen: Im Original:»Du solt nemen binzen / luebstickel und minzen / daz sind guote wuertze / fuer die grozzen furtze.« Die Handschrift *Daz buoch von guoter spise* stammt aus der Zeit um 1350 und ist die älteste erhaltene Sammlung deutscher Kochrezepte. Sie ist Teil einer spätmittelalterlichen Pergamenthandschrift, des *Hausbuch des Michael de Leone*; das Original ist in der Münchner Universitätsbibliothek. Im Internet finden sich mehrere Faksimiles und Transkriptionen, z. B. auf: www.staff.uni-giessen.de/gloning/tx/bvgs.htm. Das Gedicht ist auch enthalten in: Jürgen Fahrenkamp: *Wie man eyn teutsches Mannsbild bey Kräfften hält. Die vergessenen Küchengeheimnisse des Mittelalters*. Orbis Verlag 1986, S. 11 (jetzt bei Bassermann, ständig Neuauflagen).

Wenn es Dir schmeckt, lass hören: Im Original: »wan dir schmecket, las hören ein rulpsen und forzen«. Die Liste der Tischsitten findet sich in: Fahrenkamp, a. a. O., S. 116, leider ohne Quellenangabe. Die Originalquelle ließ sich nicht auffinden.

»Wenn der Faschismus
nach Amerika kommt, wird er ein
Kreuz und eine Flagge tragen.«

Sinclair Lewis

Wahrheitsgehalt: 0 Prozent
Art der Verfälschung: Erfindung, Zuschreibung
Kreativitätsgrad: ✳ ✳ ✳ ✳
Urheber: unbekannt

Ein Satz über Faschismus,
den Lewis wirklich gesagt hat:

*»Wartet nur, bis Buzz den Laden übernimmt.
Das wird einen feinen Faschismus geben!«*

Als im Januar 2017 der neue US-Präsident vereidigt wurde und auch im Amt nicht aufhörte, die Fakten zu verdrehen, passierte auf dem Buchmarkt Erstaunliches: Plötzlich schossen altbekannte Werke wie Aldous Huxleys *Brave New World* oder George Orwells *1984* wieder auf die Bestsellerlisten. Wo die Realität immer irrer wurde, wollten die Leute nachschauen, wie das damals in der Fiktion war. Ein Roman, der plötzlich auch wieder beachtet wurde, war *It can't happen here* von Sinclair Lewis aus den dreißiger Jahren. Die Story: Ein durchgeknallter Narzisst mit stark autokratischen Zügen, der sich als Anwalt der einfachen Leute inszeniert, wird zum Präsidenten der USA gewählt.

Sinclair Lewis war der erste Amerikaner, der den Literatur-Nobelpreis bekommen hatte, er hatte in den zwanziger Jahren einen Erfolgstitel nach dem anderen rausgehauen, *Main Street, Arrowsmith, Babitt, Elmer Gantry,* er galt als großer Chronist des amerikanischen Alltags. *It can't happen here* ist literarisch etwas schwächer, aber in politischer Hinsicht zeitlos aktuell. Ob »es«, nämlich ein totalitäres System, in Amerika möglich wäre, war seit dem Aufkommen des Faschismus in Europa eine Frage, die viele Amerikaner umtrieb. Was ist mit unserem Land, unserer vielgerühmten Demokratie? Kann so etwas bei uns passieren?

Der Roman erschien 1935, die deutschsprachige Ausgabe 1936 in einem Exilverlag in Amsterdam; sie wurde in Deutschland sofort verboten. Der Held des Buches ist Doremus Jessup, Besitzer und Herausgeber der Lokalzeitung in einer Kleinstadt

in Vermont, »ein ziemlich kleiner, hagerer Herr, freundlich blickend und sonnengebräunt«. Jessup ist ein klassischer Liberaler, der sich der aufkommenden Bewegung des Populisten Berzelius »Buzz« Windrip entgegenstellt.

Wer das Buch heute liest, erlebt einen Gruselmoment nach dem anderen. »Ich will nicht eher ruhen, bis wir alle unsere Bedarfsartikel selbst erzeugen können«, erklärt Buzz Windrip in seinem Wahlprogramm, »damit das Geld im Land bleibt.« Und er verspricht seinen Wählern, die Geldmenge zu verdoppeln, damit alle mehr Geld haben – dass dann auch die Inflationsrate steigt, erzählt er nicht. »Ein großer Faselkopp, der Buzz, doch tüchtig ist er«, das ist die Meinung vieler Wähler. Ein Teilnehmer eines privaten Abendessens skizziert die politische Lage so: »Wir brauchen einen Arzt, der dem Patienten nicht mit schönen Worten kommt, sondern ihn an die Kandare nimmt und ihn gesund macht, ob er will oder nicht!« Und nach der gewonnenen Wahl peitscht Buzz Windrip die paramilitärische Truppe seiner Anhänger auf: »Auf euch, auf euch allein rechne ich bei meinem Unternehmen, aus Amerika wieder ein stolzes, reiches Land zu machen. Man hat euch verachtet. Man hat euch die niederen Klassen genannt. [...] Ich aber sage euch, ihr seid, seit gestern, die Herren des Landes.«

Erstaunlich ist aus heutiger Sicht, wie selbstverständlich damals mit dem Wort Faschismus umgegangen wurde. »Wartet nur, bis Buzz den Laden übernimmt. Das wird einen feinen Faschismus geben!«, sagt Doremus Jessup. »Warum lassen Sie sich von dem Wort ›Faschismus‹ so erschrecken, Doremus?«, fragt dagegen der Bankier Crowley; »es ist nur ein Wort.«

Es gab ein reales Vorbild für Buzz Windrip, das war der Politiker Huey P. Long, 1928 bis 1932 Gouverneur des Bundesstaates Louisiana und 1932 bis 1935 Vertreter Lousianas im Senat. Long war ein impulsiver Typ, ein Charismatiker, ein Verführer. Er hatte radikale soziale Ideen, wollte ein allgemeines Grundeinkommen einführen und eine Umverteilung von Reich nach Arm einleiten. Einmal soll er gesagt haben: »Sehr wahrscheinlich werden wir bald Faschismus haben in den Vereinigten Staaten, aber er wird nicht so heißen. Er wird als Anti-Faschismus verkleidet sein.« Huey Long wurde 1935 im Auftrag eines Widersachers ermordet.

Auch andere sprachen offen vom Faschismus. Der Methodist und Theologieprofessor Halford E. Luccock hielt am 12. September 1938 eine Predigt, über die die *New York Times* berichtete. Die Hellsichtigkeit seiner Worte ist verblüffend: »Wenn und falls der Faschismus nach Amerika kommt, wird er kein Schild tragen *Made in Germany*; er wird kein Hakenkreuz haben; er wird nicht einmal Faschismus genannt werden; er wird, natürlich, ›Amerikanismus‹ heißen.« Und weiter: »Die wohlklingende Bezeichnung *The American Way* wird von interessierter Seite benutzt werden [...], um Angriffe gegen die amerikanische und christliche Tradition zu verschleiern.«

Man muss sich nur vor Augen führen, wie der Senator McCarthy in den fünfziger Jahren seinen Kreuzzug gegen

›unamerikanische Umtriebe‹ führte oder wie Donald Trump in seiner Rede zur Amtseinführung mit geballter Faust sein »America first!« hervorstieß – dann sieht man, wie klar diese Visionen waren.

Bei alldem leuchtet ein, dass irgendwann der Satz von dem Kreuz und der Flagge (der in Amerika bekannter ist als hierzulande) entstanden sein muss – und dass er gerade Sinclair Lewis zugeschrieben wird. Dabei hat Lewis ihn, nach allem, was man weiß, nicht geschrieben. »Das ist die Frage, die uns am häufigsten gestellt wird«, sagt Sally Parry von der *Sinclair Lewis Society*. »Es klingt nach etwas, das Lewis gesagt oder geschrieben haben könnte, aber wir haben das im Wortlaut nirgendwo finden können.« Auch Richard Lingeman, Autor einer Biografie über Sinclair Lewis, hat den Satz nirgendwo finden können. Das nächstklingende, was es von Lewis gibt, scheint diese Passage aus dem Roman *Gideon Planish* zu sein: »Ich wünschte, die Leute würden nicht Lincoln oder die Bibel zitieren oder die Flagge oder das Kreuz vor sich hertragen, um davon abzulenken, dass es ihnen eigentlich um ihr Sparbuch oder den Weg zum Pfandleiher geht.«

Es scheint sich also um ein typisches Wirken der unsichtbaren Hand zu handeln. Sinclair Lewis hat sich so früh und so intensiv mit dem Thema auseinandergesetzt, dass es nur einleuchtend ist, dass ihm dieses Zitat angehängt wurde.

Allerdings ist Lewis' Fiktion in mancherlei Hinsicht deutlich schlimmer als die Realität, wie sie sich heute in den USA darbietet. Buzz Windrip nutzt nämlich seinen Wahlsieg sofort für einen Putsch: Er überrumpelt den Kongress, indem er ihn dazu bringt, seine eigene Entmachtung zu beschließen, schafft das Verfassungsgericht ab und übernimmt mithilfe seiner paramilitärischen Truppe, den *Minute Men*, die absolute Macht über die Vereinigten Staaten.

Aber die Realität muss ja nicht jedes Mal schlimmer sein als die Fantasie – umgekehrt ist es zur Abwechslung auch mal ganz okay.

Anmerkungen:

Der Satz auf englisch, in der am meisten verbreiteten Form: »When Fascism comes to America, it will be wrapped in the flag and carrying a cross.«

Wartet nur, bis Buzz den Laden übernimmt: Sinclair Lewis: *Das ist bei uns nicht möglich*. Aufbau Verlag 2017, S. 23.

Ein großer Faselkopp: Lewis, a. a. O., S. 165.

Wir brauchen einen Arzt: Lewis, a. a. O., S. 25.

Auf euch, auf euch allein rechne ich: Lewis, a. a. O., S. 160.

Warum lassen Sie sich von dem Wort ›Faschismus‹ so erschrecken, Doremus? Lewis, a. a. O., S. 25.

Der Artikel über Prof. Luccock: Auf: http://technoccult.net/archives/2010/03/03/who-really-said-when-fascism-comes-to-america-it-will-come-wrapped-in-the-flag-and-waving-a-cross.

Der Satz ist bei Lewis nicht zu finden: Auf: http://english.illinoisstate.edu/sinclairlewis.

Ich wünschte, die Leute würden nicht Lincoln oder die Bibel zitieren: Im Original: »I just wish people wouldn't quote Lincoln or the Bible, or hang out the flag or the cross, to cover up something that belongs more to the bank-book and the three golden balls. « Sinclair Lewis: *Gideon Planish*. Random House 1943.

»Wenn die Bienen verschwinden, hat der Mensch nur noch vier Jahre zu leben.«

Albert Einstein

Wahrheitsgehalt: 0 Prozent
Art der Verfälschung: Umformulierung, Zusammenführung, Zuschreibung
Kreativitätsgrad: ✳ ✳ ✳ ✳
Urheber: Charles Darwin 1859 (teilw.), Maurice Maeterlinck 1901 (teilw.)
Urheber der Verfälschung: Ernest A. Fortin 1941 (teilw.), G. V. Poulton 1966 (teilw.)

Ein Satz über die Zukunft der Menschheit, den Einstein wirklich gesagt hat:

»Liebe Nachwelt! Wenn Ihr nicht gerechter, friedlicher und überhaupt vernünftiger sein werdet, als wir sind, bzw. gewesen sind, so soll euch der Teufel holen.«

»Dieses dicke, fette Schwein soll Professor Einstein sein?« Das stand neben einer Porträtzeichnung Einsteins, die ein befreundeter Maler angefertigt hatte. Der Kritzler durfte sich das erlauben: Es war Einstein selbst. Der war nämlich ziemlich pummelig – das fällt nur auf den Fotos nicht auf, weil man immer auf das Gesicht und die Frisur schaut. Einstein war ein kräftiger Esser. Zwar fand er Vegetarismus grundsätzlich gut, hatte beim Fleischessen manchmal ein schlechtes Gewissen und musste in seinem letzten Lebensjahr aus gesundheitlichen Gründen tatsächlich auf Fleisch verzichten, aber als Verfechter einer bewussten Ernährung taugt er nicht wirklich. Dies nur als Erläuterung, weil Einstein von Vegetariern so gern als Kronzeuge herangezogen wird.

Aber Einstein muss irgendwie für jedes Großthema herhalten. Also kann er auch das Bienensterben vorausgesehen haben, oder? Der Bienen-Satz ist inzwischen eines der am weitesten verbreiteten falschen Zitate überhaupt. In nahezu jedem Artikel über das Bienensterben taucht er auf – wenn auch manchmal mit der Einschränkung »wie Einstein gesagt haben soll«. Der Satz ist sicher deshalb so erfolgreich, weil er in knapper Form verdeutlicht, wie der Kreislauf des Lebens von den Bestäubern abhängt: Erst sterben die Bienen, dann die Pflanzen, dann die Tiere, dann der Mensch. Das ist in seiner Vereinfachung ziemlich genial. Und es erinnert an eine alte indische Weisheit, die auch einer Vierheit folgt: »Gott schläft in den Steinen; er atmet in den Pflanzen; er träumt in den Tieren und erwacht im Menschen.«

Wo also kommt der Satz her? Von Einstein jedenfalls nicht. Das Standardwerk der Einstein-Zitate, *The new quotable Einstein*, enthält ihn nicht; in keiner von Einsteins Schriften wurde er je gefunden; kein Zeitgenosse hat ihn überliefert. Auch der Einstein-Biograf Jürgen Neffe, der zahlreiche unveröffentlichte Papiere im Einstein-Archiv an der Hebrew University in Jerusalem eingesehen hat, hat ihn nicht gefunden. Ganz abgesehen davon, dass der Satz überhaupt nicht zu Einstein passt – der hat sich zwar häufig politisch geäußert, aber niemals zu ökologischen Fragen, die waren seinerzeit noch kaum ein Thema. Aber vor dem Hintergrund der Atombombe, der existenziellen Bedrohung des 20. Jahrhunderts, nimmt man dem großen Physiker jede Aussage, die eine Sorge um die Zukunft formuliert, unbesehen ab.

Gut also, dass die Geschichte dieses Satzes inzwischen zum großen Teil aufgeklärt ist, denn sie ist auch ein Musterbeispiel dafür, wie solche falschen Zitate häufig entstehen: aus mehreren Ursprüngen nämlich, bis sich diese irgendwann verbinden und sich der Satz an einen berühmten Urheber anheftet, bei dem er dann bleibt.

Am Anfang steht Charles Darwin. Der hat in seinem Jahrhundertwerk *Von der Entstehung der Arten* 1859 nicht nur die Evolutionslehre begründet, sondern als einer der ersten einem großen Publikum ökologische Zusammenhänge nahegebracht. In dem Kapitel »Verwickelte Beziehungen zwischen Tieren und Pflanzen im Kampf ums Dasein« schildert Darwin ausführlich verschiedene Beispiele für ökologische Beziehungen – zum Beispiel, wie sehr die Häufigkeit des Wiesenklees und des Wilden Stiefmütterchens von der Bestäubung durch die Hummeln abhängt: »Durch Versuche fand ich, dass die Hummeln zur Befruchtung des Stiefmütterchens (*Viola tricolor*) fast unentbehrlich sind, weil diese Blume von keinen anderen Insekten besucht wird. [...] Wir können es daher als hoch wahrscheinlich ansehen, dass wenn alle Hummeln in England sehr selten werden oder ganz verschwinden würden, mit dem Wilden Stiefmütterchen und dem Wiesenklee das gleiche passieren könnte.«

Hier liegt der allererste Keim des Bienen-Satzes. Darwins Erkenntnisse waren der Beginn einer langen Geschichte der Erforschung und Darstellung ökologischer Zusammenhänge. Es war übrigens der Deutsche Ernst Haeckel, ein glühender Verfechter von Darwins Thesen, der kurze Zeit später den Begriff *Ökologie* prägte. Und ebenso rasch begannen andere Biologen diese Gedanken zu erforschen, zu hinterfragen und ihre Tragweite auszuloten. Ein Artikel aus dem *British Bee Journal* von 1887 drehte Darwins Gedankengang weiter und hängte ihn an der provokanten These auf, dass die Sicherheit Englands davon abhänge, dass es genügend Katzen halte. Weil nämlich Katzen die Mäuse in Schach hielten, die sonst die Hummelnester zerstörten (auch das hatte Darwin schon geschrieben), weshalb dann der Klee nicht bestäubt würde usw.: »Keine Katzen = viele Mäuse; viele Mäuse = keine Hummeln; keine Hummeln = kein Klee; kein Klee = keine Rinder; keine Rinder = kein Fleisch. Und was wäre England ohne Fleisch?!« Soweit also die ökologische Ereigniskaskade, *proudly invented by* Darwin.

Die zweite Zutat zu unserer Geschichte liefert der belgische Schriftsteller und Sachbuchautor Maurice Maeterlinck. Der veröffentlichte 1901 ein Buch über *Das Leben der Bienen* – und präsentierte erstmals eine handfeste Zahl: Mehr als 100 000 Arten von Pflanzen, so Maeterlinck, würden aussterben, wenn die Bienen als Befruchter ausfielen. Die entscheidende Stelle ist bei Maeterlinck sehr beiläufig in einen Bandwurmsatz eingeschoben, in dem es gar nicht um Ökologie geht, sondern um die vermutete Urform der Honigbiene: »Vielleicht hat jeder von uns, ohne darauf zu achten und ohne zu ahnen, dass er hier die ehrwürdige Urmutter vor sich hat, der wir vielleicht die Mehrzahl unserer Blumen und Früchte verdanken – denn man glaubt tatsächlich, dass über hunderttausend Pflanzenarten nicht mehr sein würden, wenn die Bienen sie nicht beflögen und dadurch befruchteten – und wer weiß, vielleicht auch unsere Zivilisation, denn alles greift bei diesen Mysterien in einander über – vielleicht hat jeder von uns sie schon öfter in einem entlegenen Winkel seines Gartens um Gestrüpp herumfliegen sehen.«

Das ist also die zweite Keimzelle: ein Einschub in einem Monstersatz, und eine Zahl: hunderttausend. Diese Zahl wird von nun an ein Eigenleben entfalten. Man weiß nicht, woher Maeterlinck sie hat, ob sie auf einer Studie beruht, ob sie seinem intuitiven Wissen entsprungen ist oder ob er sie überhaupt eher als Metapher gemeint hat: hunderttausend = sehr viele. Jedenfalls, die Zahl ist nun in der Welt und verbreitet sich, auch in der Fachliteratur. Maeterlincks Buch war sehr populär und erlebte viele Auflagen, auch weil er 1911 den Literaturnobelpreis bekam. Man kann davon ausgehen, dass die meisten Menschen, die sich damals für Naturthemen interessierten, das Buch kannten. Schon 1907, um ein Beispiel zu nennen, greift eine Publikation des Landwirtschaftsministeriums des Staates New York Maeterlincks ominöse Zahl auf: »Es wird geschätzt, dass mehr als hunderttausend Arten von Pflanzen verschwinden würden, wenn sie nicht befruchtet würden.«

Wir haben also bisher zwei Entwicklungsstränge: Darwin hat die ökologischen Zusammenhänge deutlich gemacht, und Maeterlinck hat sie quantifiziert (wie seriös auch immer); beides entfaltet seine Wirksamkeit. Gelegentlich werden beide Aussagen jetzt auch schon verknüpft, etwa in der Art: Von der Bestäubung hängt unser aller Leben ab, denn gäbe es keine Bestäubung, dann würden 100 000 Pflanzenarten verschwinden und damit unsere ganze Zivilisation. Aber noch gießt niemand das Ganze in ein knackiges Zitat, und niemand präsentiert einen Urheber, auch nicht Darwin (von Einstein ganz zu schweigen).

Dann aber passiert etwas Sonderbares, und das ist der dritte Teil der Geschichte. 1939 erscheint in einer kanadischen Bienenzeitschrift ein Text, in dem der bereits bekannte Zusammenhang geschildert wird, beim Verschwinden der Bienen würden hunderttausend Pflanzenarten aussterben – diesmal aber mit Verweis auf »einen der berühmtesten Naturforscher, den die Welt je gesehen hat«. Das ist ein merkwürdiger Superlativ. Wer soll das sein? Warum wird der

Name nicht genannt, weiß der Autor ihn nicht? Warum wird Darwin nicht genannt, auf den sich beispielsweise Maeterlinck, wenn auch an anderer Stelle, noch berief? Der Autor des Textes heißt Ernest A. Fortin, und er schreibt zwei Jahre darauf nochmals einen ähnlichen Text. Und diesmal nennt er den Namen – aber nicht Darwin: »Wenn ich mich recht erinnere, war es Einstein, der gesagt hat: ›Entferne die Biene von der Erde, und im selben Moment entfernst du mindestens 100 000 Pflanzen, die nicht überleben werden.‹«

Und das ist das Rätselhafte: Es gibt überhaupt keinen vernünftigen Grund, hier Einstein ins Spiel zu bringen. Niemand weiß, was Fortin geritten hat. Man kann nur mutmaßen: Er wollte einen berühmten Namen erwähnen, weil es immer besser klingt, wenn ein Großer etwas gesagt hat, als der kleine Autor selbst. Und der berühmteste Wissenschaftler jener Zeit war nun mal Einstein. Und äußerte der sich nicht immer wieder auch politisch? Also.

Und jetzt kommt der vierte Schritt, wieder mit einem Zufallsmoment: 1966 bringt ein Artikel in einer irischen Bienenzeitschrift erneut einen neuen Aspekt ins Spiel, nämlich statt der 100 000 Arten die vier Jahre: »Professor Einstein, der gelehrte Wissenschaftler, hat ausgerechnet, dass wenn alle Bienen von der Erde verschwinden würden, vier Jahre später alle Menschen auch verschwunden wären.« Geradezu rührend erscheint hier die Formulierung, Einstein habe das »ausgerechnet«. Mit Sicherheit hat dies der Autor hinzugefügt, weil es halt überzeugender klingt als wenn Einstein es nur behauptet hätte. Wie dem auch sei, damit ist jetzt zum ersten Mal dieser Satz in seiner ganzen Schönheit in der Welt. Doch wieviel wird nicht jeden Tag gedruckt und verschwindet folgenlos? Unendlich viel. Aber dieser Satz hat ein zähes Leben. Was wiederum damit zusammenhängen muss, dass er ein Stück Wirklichkeit präzise beschreibt. Imker haben ein starkes Bewusstsein davon, wie wichtig Bienen für die Ökosysteme sind und wie sensibel sie auf Veränderungen in der Umwelt reagieren. Und die Imker sind es, die diesen Satz nun ein paar Jahrzehnte lang am Leben erhalten werden, in ihren Zeitschriften und in ihren Köpfen, unbemerkt von der breiten Öffentlichkeit.

Die nämlich wird erst ab den neunziger Jahren auf den Satz aufmerksam. Da taucht er die ersten Male bei Demonstrationen gegen die EU-Agrarpolitik auf – und von da an nimmt die Sache Fahrt auf. Und als sich im neuen Jahrtausend die Berichte über das Bienensterben häufen, ist das angebliche Einstein-Zitat stets mit von der Partie. Es ist damit eines der wenigen falschen Zitate, die im deutschen wie im englischen Sprachraum gleichermaßen lebendig sind. Diese Internationalität zumindest dürfte Einstein gefallen haben.

Wer aber unbedingt einen Bezug zwischen Albert Einstein und den Bienen herstellen möchte, dem sei folgendes angeboten: Einsteins Schwester hieß Maja. Im Ernst. Mehr ist leider nicht drin.

Anmerkungen:

Liebe Nachwelt: Jürgen Neffe: *Einstein. Eine Biographie*. Rowohlt 2005, S. 445.

Dieses dicke, fette Schwein: Neffe a. a. O., S. 328.

Einstein als Vegetarier: Siehe z. B.: »30 geniale Zitate von Albert Einstein, die Deine Weltsicht verändern können«. Auf: http://bewusst-vegan-froh.de/30-zitate-von-albert-einstein-die-ihnen-den-geist-oeffnen.

Bei Einstein steht der Satz höchstwahrscheinlich nicht: Alice Calaprice: *The new quotable Einstein*. Princeton University Press 2005; Jürgen Neffe, persönliche Mitteilung vom 28.11.2016.

Darwins Sätze über die Hummel: Charles Darwin: *Die Entstehung der Arten durch natürliche Zuchtwahl*. Übersetzt von Carl W. Neumann. Reclam 1963, Neuauflage 2007, S. 113 f.

Maeterlincks Satz von den hunderttausend Pflanzen: Maurice Maeterlinck: *Das Leben der Bienen*. Eugen Diederichs Verlag 1910, S. 223.

Schon 1907 greift eine Publikation: quoteinvestigator.com/2013/08/27/einstein-bees.

Die beiden Artikel von Ernest A. Fortin: E. A. Fortin: »Comments From Quebec«. In: *Canadian Bee Journal* Vol. 47/6, 1939, S. 178. (zitiert nach: quoteinvestigator. com; die entsprechenden Scans wurden mir freundlicherweise zur Verfügung gestellt von Garson O'Toole, 19.3.2017; E. A. Fortin: »Comments From Quebec«. In: *Canadian Bee Journal* Vol. 49/1, 1941, S. 13 (zitiert nach quoteinvestigator. com).

Professor Einstein, der gelehrte Wissenschaftler: G. V. Poulton: »Which Queens Are The Best?« In: *The Irish Beekeeper: An Beachaire*, Vol. 20/4 (1966), S. 74 (zitiert nach quoteinvestigator.com).

»Wer zu spät kommt,
den bestraft das Leben.«

Michail Gorbatschow

Wahrheitsgehalt: 50 Prozent
Art der Verfälschung: Umformulierung, Zuspitzung
Kreativitätsgrad: ✳ ✳ ✳ ✳ ✳
Urheber des Gedankens: Michail Gorbatschow
Urheber der Formulierung: Gennadi Gerassimow, div. Journalisten
Zeitpunkt: 6./7. Oktober 1989

Was Gorbatschow wirklich gesagt hat:

*»Gefahren lauern nur auf jene,
die nicht auf das Leben reagieren.«*

Manche Sprüche haben vom Start weg das Zeug zum Klassiker. Dieser Satz klinge ja »wie aus dem Glückskeks gezogen«, kommentierte ein amerikanischer Reporter, der bei dessen Entstehung am 7. Oktober 1989 dabei war. Gäbe es ein UNESCO-Welterbe für Zitate, der Satz müsste hinein; er gehört fast schon zum kollektiven Gedächtnis der Menschheit.

Die Geschichte des Satzes ist gut dokumentiert: Er entsprang der zweitägigen gemeinsamen Anstrengung von Gorbatschow, seinem Sprecher Gerassimow und einigen anwesenden Journalisten. Und die unsichtbare Hand war auch noch im Spiel.

Ein Wochenende Anfang Oktober 1989. Die DDR wurde 40 – und sah ziemlich alt aus. Das Land heruntergewirtschaftet, die Industrieanlagen marode, Luft und Boden großflächig verseucht, das Vertrauen in den Staat gleich Null. Die einzigen, die es noch nicht gemerkt hatten, waren die Männer an der Spitze. Während das Volk über Ungarn und die Tschechoslowakei davonläuft, versucht Erich Honecker die Dagebliebenen mit Kinderversen bei Laune zu halten: »Den Sozialismus in seinem Lauf / hält weder Ochs noch Esel auf.« Der Republikgeburtstag wird gefeiert wie gehabt, mit Militärparade und dem Besuch befreundeter Staatschefs. Diesmal: Michail Gorbatschow, Generalsekretär des Zentralkomitees der Kommunistischen Partei der UdSSR. Jahrzehntelang galt in der DDR die Parole: »Von der Sowjetunion lernen, heißt Siegen lernen.« In den vergangenen Jahren hatte man sie bereits seltener gehört – eben in dem Maß, in dem in der

Sowjetunion Glasnost und Perestroika, Offenheit und Veränderung, als Losung der Stunde ausgegeben wurden.

Die Anwesenheit Gorbatschows kommt der DDR-Führung also so gelegen wie der Besuch einer Erbtante, die man nicht leiden kann, aber nicht vergraulen darf. Normalerweise liefen solche Treffen streng formell ab. Immer die gleichen Floskeln, die gleichen Rituale; umso genauer achteten die Zeitgenossen auf Änderungen im Protokoll und auf Zwischentöne in den offiziellen Verlautbarungen. »Kremlologie« nannte man, nur halb scherzhaft, die Wissenschaft von den winzigen Nuancen, in denen die Statements und die Personalentscheidungen aus dem Machtzentrum je nach politischer Lage von der erwarteten Linie abwichen. Diesmal aber war alles anders. Die Veränderungen, die Gorbatschow in der Sowjetunion angestoßen hatte, erregten weltweit Aufsehen. Und deshalb erwartet man auch von seinem Besuch in Ostberlin – ja, was eigentlich? Niemand vermag es zu konkretisieren, aber irgendetwas scheint in der Luft zu liegen.

Am Freitag, dem 6. Oktober, besuchen Gorbatschow und Honecker die Neue Wache, einen Pflichtort bei Staatsbesuchen, und legen einen Kranz für die Opfer des Faschismus ab. Plötzlich weicht Gorbatschow vom Protokoll ab. Er wendet sich direkt an einige westliche Journalisten und hält eine Art improvisierter Ansprache. Sofort bildet sich eine dichte Traube aus Reportern, Fotografen und Kameraleuten, die Gorbatschow auf die Pelle rücken und jedes Wort aufsaugen. Ein ARD-Team steht in der ersten Reihe, Gorbatschow spricht direkt in die Kamera. Die Szene wirkt auch heute auf Fotos noch eindrucksvoll: Derart ungeschützt und ungeplant taucht ein Staatschef normalerweise niemals in die Medienmeute ein. Dutzende Journalisten fangen Gorbatschows Worte auf, aber ein konkreter Satz prägt sich niemandem ein.

Am nächsten Tag nehmen Gorbatschow und Honecker vormittags die Truppenparade ab; am Nachmittag treffen sie sich zu einem Gespräch unter vier Augen im Schloss Niederschönhausen, anschließend nimmt Gorbatschow an einer Sitzung des Politbüros teil. Die Stimmung ist frostig. Der Russe ermahnt die DDR-Führung zu Reformen, die aber ist auf diesem Ohr schon ertaubt. In den Nachrichten sieht man die beiden Staatschefs aus der Sitzung kommen, Honecker ist noch schmallippiger als ohnehin schon. Kommentar der Tagesschau: »Erich Honecker erteilt allen Hoffnungen auf weitreichende Reformen erneut eine klare Absage. Die DDR bleibe auf bewährtem Kurs.«

Und am selben Abend ist plötzlich dieser Satz in der Welt. Gegen 18.30 Uhr senden die Nachrichtenagenturen dpa und AP eine Meldung, die den Satz zitiert: »Wer zu spät kommt, den bestraft das Leben«. Die dpa liefert dazu auch gleich die Interpretation: »Beobachter werten das als indirekten Hinweis, dass auch in der DDR ähnliche Reformen wie in der Sowjetunion im gesellschaftlichen Bereich eingeführt werden sollen.« Aber wo und wie ist der Satz entstanden? Wann hat Gorbatschow ihn gesagt?

Intensive Nachforschungen ergeben: Hat er gar nicht. Nachdem alle Bänder abgehört, alle Redemitschriften durch-

forstet sind, steht fest: Gorbatschow hat während seines Besuchs ähnlich lautende Sätze gesagt, aber nicht in der Formulierung, die später berühmt wurde. So äußerte er am 6. Oktober in der improvisierten Ansprache vor der neuen Wache: »Gefahren warten nur auf jene, die nicht auf das Leben reagieren.« Deutlicher als mit derart verklausulierten Sätzen konnte Gorbatschow im Rahmen der diplomatischen Gepflogenheiten nicht werden.

Wie der Satz tatsächlich entstanden ist, klärte sich später. Gorbatschows Sprecher Gennadi Gerassimow gab am Nachmittag des 7. Oktober, nach dem Vieraugengespräch, eine improvisierte Pressekonferenz. Gerassimow wusste, dass die Journalisten begierig auf offizielle Informationen warteten. Er versuchte ihnen zu erklären, was Gorbatschow zu Honecker gesagt hatte. Klar war die Botschaft – ihr müsst was ändern, sonst zerreißt es euch –, aber was war der genaue Wortlaut gewesen? Gerassimow sprach russisch und englisch, es wurde hin und her übersetzt. Anfangs hatte der Satz wohl noch seine ursprüngliche sperrige Gestalt; aber im Pingpong zwischen Gerrasimow und den Journalisten, so erzählten es später die Korrespondenten Jürgen Metkemeyer von AP und Heinz Joachim Schöttes von dpa, nahm er seine gültige Form an. Irgendwann sagte wohl Gerassimow: »*Those who are late will be punished by life itself*«, was die beiden Korrespondenten ins Deutsche übersetzten, in ihre jeweiligen Meldungen übernahmen und in die Welt hinausschickten.

Gorbatschow allerdings machte sich den Satz schnell zu eigen und fügte ihn auch in offizielle Manuskripte ein. Er wusste aber auch, wem er ihn zu verdanken hatte. In einem Interview lobte er später, Gerassimow habe seinen Gedanken »zu Ende gedacht«.

Am Abgang zum U-Bahnhof Brandenburger Tor übrigens steht Gorbatschows Satz jetzt als Teil des Deckenschmucks, gemeinsam mit anderen Sätzen zur Deutschen Teilung, wie Ronald Reagans »*Mr. Gorbachev, tear down this wall!*«. Als einziger Satz steht er in kyrillischer Schrift und somit für die meisten Passanten unlesbar. Aber »6.10.1989 Michail Gorbatschow«, wie es dort in lateinischer Schrift heißt, das kann ja nur eines heißen. Nämlich der berühmte Gorbi-Satz, aber im Original: »Die Gefahren lauern auf diejenigen, die auf die Anforderungen des Lebens nicht reagieren.«

Der britische Historiker Timothy Garton Ash, der große Chronist der Wende in Mittel- und Osteuropa, weist noch auf einen Umstand hin, der oft übersehen wird: Gorbatschows Satz sei gar nicht ausschließlich als Mahnung (oder gar Drohung) des Großen Bruders an Erich Honecker und seine Leute gemeint gewesen. Ash ist vielmehr der Ansicht, dass Gorbatschow »diese Worte, vor allem in den offiziellen Gesprächen mit dem Genossen Honecker und anderen, zunächst auf sich selbst und die Reformversuche in der Sowjetunion bezog«. Sicherlich, so der Historiker, war das von Seiten Gorbatschows auch Höflichkeit. »Ganz gewiss ging es hier indes um eine eindeutige Mahnung. Aber der Selbstbezug war auch wichtig – und gerechtfertigt. Denn Gorbatschow kam in der Tat zu spät, um sein geliebtes sowjetisches Vaterland auf dem Wege der Reform zu retten. Und er wurde dann ja auch vom Leben bestraft«.

Die beiden Journalisten übrigens, die für den historischen Satz Geburtshelfer spielen durften, haben längst die Branche gewechselt. Heinz Joachim Schöttes war zuletzt Kommunikationschef bei Air Berlin, Jürgen Metkemeyer arbeitet für einen kuwaitischen Investor. Irgendwie stimmig: So spannend wie damals konnte Journalismus nie wieder werden.

Anmerkungen:

Anmerkung zum Wahrheitsgehalt: Der originale Gorbatschow-Satz, so sperrig er formuliert war, hätte auch sang- und klanglos untergehen können. Erst die Formulierungskunst Gerassimows und die Interaktion mit den Journalisten, die ihrerseits auf einen zitierfähigen Satz drängten, brachte das Bonmot hervor. Also fifty-fifty.

Gefahren lauern nur auf jene, die nicht auf das Leben reagieren: Hellmuth Vensky: »Wer zu spät kommt, den bestraft das Leben.« In: *Die Zeit*, 1.3. 2010; auch auf: deutschlandfunk.de/gorbatschow-warnt-gefahren-warten-nur-auf-jene-die-nicht.1359.de.html?dram%3Aarticle_id=197262. Es gibt auch noch die Version, Gorbatschow habe am 7. Oktober den Mitgliedern des SED-Politbüro gesagt: »Ich halte es für sehr wichtig, den Zeitpunkt nicht zu verpassen und keine Chance zu vertun … Wenn wir zurückbleiben, bestraft uns das Leben sofort.« Das wäre natürlich schon eher dran an der berühmten Formulierung, aber dafür gibt es keine Zeugen. Siehe auch: www.welt.de/geschichte/article132968291/ Gorbatschow-hat-den-beruehmten-Satz-nie-gesagt.html.

Wie aus dem Glückskeks gezogen: Ulla Plog: »Aus dem Glückskeks«. In: *Frankfurter Allgemeine Sonntagszeitung*, 4.10.2004.

Weder Ochs noch Esel: Auf: www.evangelisch.de/inhalte/108899/14-08-2014/ weder-ochs-noch-esel-erich-honeckers-realitaetsverlust.

Honecker erteilt Hoffnung auf Reformen Absage: ARD-Tagesschau, Kommentar, 7.10.1989.

Those who are late will be punished by life itself: Diese Version findet sich z. B. recht überzeugend in einem Artikel des Schweizer SRF, der sich u. a. auf die Aussagen des damaligen Berlin-Korrespondenten Thomas Vogel stützt. Auf: www.srf.ch/kultur/im-fokus/der-archivar/ein-jahrhundertsatz-wer-zu-spaet-kommt-den-bestraft-das-leben. – Gennadi Gerassimow war ohnehin ein begnadeter Formulierer. Drei Wochen nach dem Ostberlin-Besuch war er an der Entstehung eines anderen genialen Begriffs beteiligt, der »Sinatra-Doktrin«. Die bestand, salopp gesagt, darin, dass die Warschauer-Pakt-Staaten nun auch offiziell machen durften, was sie wollten (»My way«, Frank Sinatra), ohne dass die Sowjetunion eingreifen würde. Siehe z. B. die *Los Angeles Times* vom 25.10.1989: »›Sinatra Doctrine‹ at Work in Warsaw Pact, Soviet Says«; Auf: http://articles. latimes.com/1989-10-25/news/mn-745_1_warsaw-pact.

Gorbatschow hat den Satz auch auf sich selbst bezogen: Timothy Garton Ash: *Wächst zusammen, was zusammengehört?* Schriftenreihe Heft 8, Bundeskanzler-Willy-Brandt-Stiftung 2001, S. 13.

»Zwei Dinge sind unendlich,
das Universum und die
menschliche Dummheit.
Aber beim Universum bin ich mir
noch nicht ganz sicher.«

Albert Einstein

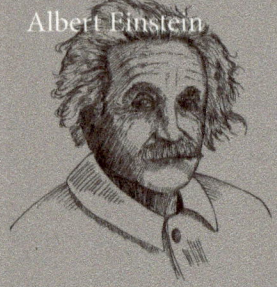

Wahrheitsgehalt: 10 Prozent
Art der Verfälschung: Umformulierung, Zuschreibung
Kreativitätsgrad: ✳ ✳ ✳ ✳
Urheber des Originals:
unbekannt, vermutl. 19. Jahrhundert (teilw.)
Urheber der Zuschreibung: Fritz Perls, 1942/1969

Ein Satz über Dummheit, den Einstein wirklich gesagt hat:

*»Die Majorität der Dummen ist unüberwindbar
und für alle Zeiten gesichert. Der Schrecken ihrer Tyrannei
ist indessen gemildert durch Mangel an Konsequenz.«*

Einstein ist immer für eine Überraschung gut. Im Februar 2016 erschien die sympathische Silberlocke weltweit mal wieder auf allen Kanälen, von den Titelseiten der Zeitungen über die Fernsehnachrichten bis zu den Online-News. Mehr als 60 Jahre nach seinem Tod und ohne dass ein Jubiläum angestanden hätte. Der Grund: Amerikanische Physiker hatten erstmals direkt die sogenannten Gravitationswellen nachgewiesen – und damit eine weitere Konsequenz der Relativitätstheorie bestätigt.

Für viele Menschen ist Einstein der Wissenschaftler schlechthin: ein Typ mit wirrem Haar und genialen Gedanken. Dazu dieser merkwürdige Lebenslauf: Seine großen Leistungen erbrachte er fast alle relativ früh, vor allem im »Wunderjahr« 1905, als er vier bahnbrechende Arbeiten veröffentlichte, darunter die Grundlage der Relativitätstheorie. Als 1919 die Relativitätstheorie erstmals experimentell bestätigt wurde, kam schlagartig der Weltruhm, 1923 der Nobelpreis, schließlich die Flucht vor den Nazis, erst in die Schweiz, dann in die USA. Dort, in Princeton, wo er bis zu seinem Lebensende an einer einheitlichen Feldtheorie arbeitete, gelang ihm zwar nichts Großes mehr, aber er war der berühmteste Wissenschaftler seiner Zeit und wurde immer mehr zu seinem eigenen Denkmal. Er bekam Post von allen möglichen Freaks, die entweder selbst verrückt waren oder Einstein für verrückt hielten – oder beides. »Teilen Sie mir mit, ob man Physik studieren muss, um das Leben zu verlängern«, war noch eine der sachlichen Anfragen. Einer schrieb: »Es wäre mir eine

Ehre, Ihnen die Füße zu waschen.« Und ein anderer: »Ich muss mit Ihnen unter vier Augen sprechen. Ich bin der Nachfolger Jesu Christi. Bitte beeilen Sie sich.«

Zwar war Einstein diese Fanpost eher unangenehm, wie ihm überhaupt jeder Personenkult zuwider war – doch gegen ein bisschen Selbstmarketing hatte er nichts einzuwenden. Etwa das berühmte Foto mit der rausgestreckten Zunge: Das entstand an seinem 72. Geburtstag, er war nach der offiziellen Feier zu einem befreundeten Ehepaar ins Auto gestiegen, Reporter bedrängten ihn und wollten Kommentare zur Weltlage hören, die Fotografen hörten nicht auf zu knipsen – bis Einstein einem von ihnen die Zunge zeigte. »Die ausgestreckte Zunge gibt meine politischen Anschauungen wider«, erklärte er später seiner Freundin Johanna Fantova, die es in ihrem Tagebuch vermerkte. Und weil er das Foto als gelungenes Bild empfand, verbreitete er es aktiv: Er stellte selbst den Ausschnitt her, auf dem nur noch sein Kopf zu sehen war, ließ ihn in großer Stückzahl abziehen und verschickte ihn an Freunde und Kollegen.

Dass gerade Einstein so viele falsche Zitate zugeschrieben werden (in den USA noch mehr als bei uns), ist also kein Wunder. Es war schon zu seinen Lebzeiten so. Einstein selbst äußerte einmal dazu: »Viele Dinge, die über mich im Umlauf sind, sind entweder schlecht aus dem Deutschen übersetzt oder von anderen Leuten erfunden.« Und sein deutscher Biograf Jürgen Neffe sagt: »Der Mythos Einstein ist größer als Einstein selbst.«

Aber was ist jetzt mit diesem schönen Zitat, stammt es von Einstein? Nach allem, was man weiß, nicht. Jürgen Neffe hält den Satz für »fast schon zu knackig«, um wahr zu sein. Und Alice Calaprice, die Autorin des Standardwerks *The new quotable Einstein*, führt ihn in der Ausgabe von 2005 zwar noch vorsichtig unter der Überschrift »Wahrscheinlich nicht von Einstein«. Aber seither sind zwölf Jahre vergangen, und inzwischen lässt sich der wahrscheinliche Urheber dingfest machen: Es ist Fritz Perls, ein einflussreicher Psychoanalytiker und Begründer der Gestalttherapie, der vor den Nazis erst nach Südafrika geflüchtet und nach dem Krieg in die USA emigriert war. Und das Schöne ist, dass man nachvollziehen kann, wie Perls dieses falsche Zitat nicht nur erfunden, sondern in mehreren Schritten – eher unabsichtlich, kann man vermuten – weiterentwickelt hat.

In seinem Buch *Das Ich, der Hunger und die Aggression* aus dem Jahr 1942 beschreibt Perls zunächst die Rolle, die der Hungertrieb bei einer Neurose spielen kann – und dann schlägt er ein paar ziemlich kühne Bögen, um schließlich bei Einstein zu landen: »Außerdem ist diese gierige, ungeduldige Haltung mehr als alles andere verantwortlich für die übermäßige Dummheit auf der Welt. Genau wie solche Leute nicht die Geduld haben, wirkliche Nahrung zu kauen, nehmen sie sich auch nicht genug Zeit, um geistige Nahrung zu verdauen. Da die modernen Zeiten in hohem Maß das hastige Essen fördern, ist es nicht überraschend, dass ein großer Astronom gesagt hat: ›Zwei Dinge sind, soweit wir

wissen, unendlich – das Weltall und die menschliche Dummheit.‹ Heute wissen wir, dass diese Aussage nicht ganz richtig ist. Einstein hat bewiesen, dass das Weltall begrenzt ist.«

Das ist schon ziemlich großes Tennis: Erst den Hungertrieb und die Gier mit der Dummheit zusammenspannen, dann diesen Satz eines »großen Astronomen« zitieren, den er wohl irgendwo gehört hat, und dann noch die Kurve zu Einstein kriegen, der bewiesen habe, dass das Weltall begrenzt sei – was in Wahrheit weder Einsteins Leistung war noch ganz richtig ist, denn die meisten Kosmologen gehen zwar davon aus, dass das Universum begrenzt ist, aber dennoch unendlich. Auf jeden Fall stehen hier plötzlich Einsteins Name und der Satz von dem Universum und der Dummheit so gefährlich nah beieinander, dass sie sich fast zwangsläufig irgendwann vereinen müssen.

Dafür sorgt dann Perls tatsächlich selbst, mehr als 20 Jahre später, in seinem Buch *Gestalt Therapy Verbatim*. Plötzlich hat nicht nur Einstein selbst den Satz gesagt, sondern auch noch persönlich zu Fritz Perls: »Wie Einstein mir einmal sagte: ›Zwei Dinge sind unbegrenzt: das Universum und die menschliche Dummheit.‹ Aber was noch viel verbreiteter ist als die gegenwärtige Dummheit, das ist das Sich-dumm-stellen, das Abwenden, das Weghören, das Wegschauen.«

Und in einem anderen Buch aus dem selben Jahr, dem sehr persönlich gefärbten Bericht über sein Leben und seine Karriere, *In and out the Garbage Pail*, vollzieht er den letzten Schritt und fügt den zweiten Teil der Aussage auch noch hinzu: »Ich verbrachte einen Nachmittag mit Albert Einstein: Warmherzigkeit, Lockerheit, ein paar unzutreffende politische Voraussagen. Ich verlor rasch mein Selbstbewusstsein, seinerzeit eine seltene Erfahrung für mich. Immer noch liebe ich diese Aussage von ihm: ›Zwei Dinge sind unendlich, das Universum und die menschliche Dummheit, und beim Universum bin ich mir noch nicht ganz sicher.‹«

Hier haben wir also die Verfertigung des falschen Zitats in seiner ganzen Pracht. Es ist natürlich nicht völlig auszuschließen, dass Einstein zumindest den ersten Teil des Bonmots tatsächlich eines schönen Nachmittags zu Perls gesagt hat – so wie er es schildert. Andererseits: Wenn man sich anschaut, wie sich der Satz in seinen Schriften entwickelt hat, ist es plausibler anzunehmen, dass sich die Geschichte in seinem Gehirn nach und nach zurechtgerüttelt hat.

Ohnehin gibt es für die Kernaussage – die menschliche Dummheit ist so unendlich wie das Weltall – schon viele frühere Belege. Vor allem im Frankreich des späten 19. Jahrhunderts scheint der Satz beliebt gewesen zu sein. Es gibt eine ganze Reihe von Quellen aus jener Zeit, in denen der Gedanke auftaucht. Guy de Maupassant etwa zitiert einen Brief von Gustave Flaubert, in dem dieser schreibt: »Wer weiß es schon? Die Erde hat Grenzen, aber die menschliche Dummheit ist unendlich!« Und verschiedene Quellen schreiben dem französischen Schriftsteller Ernest Renan den Satz zu: »Es ist nicht die Weite des besternten Himmels, die die Vorstellung der Unendlichkeit am besten verkörpert, es ist die menschliche

Dummheit!« Das ist inhaltlich schon sehr nahe an dem, was Fritz Perls in den vierziger Jahren des 20. Jahrhunderts schrieb und später aus Einsteins Mund gehört haben will.

Einsteins letzte Worte übrigens, die letzten, die er nachweislich sprach, sind der Nachwelt nicht erhalten geblieben, aus einem ebenso einleuchtenden wie banalen Grund: Als das Jahrhundertgenie in der Nacht zum 18. April 1955 mit ein paar dahingemurmelten Sätzen im Princeton Hospital sein Leben aushauchte, war nur eine amerikanische Nachtschwester anwesend – und die verstand kein Deutsch. Pech. Für uns. Ihm kann es wurscht sein.

Anmerkungen:

Anmerkung zum Wahrheitsgehalt: In Einsteins Schriften steht es nirgendwo; da aber Fritz Perls behauptet, Einstein habe das zu ihm gesagt, muss man eine gewisse Wahrscheinlichkeit konstatieren – die Aussage eines Zeitzeugen gilt im wissenschaftlichen Sinn als Beleg, wenn es auch hier der einzige ist. Allerdings sind Perls' Angaben etwas widersprüchlich und entwickeln sich über die Jahrzehnte zu der Anekdote hin. Da ich sehr viel stärker davon überzeugt bin, dass Perls sich das so zurechtgelegt hat, als dass Einstein es wirklich gesagt hatte, setze ich die Wahrscheinlichkeit insgesamt gering an.

Die Majorität der Dummen ist unüberwindbar: In: *Essays Presented to Leo Baeck on the Occasion of his Eightieth Birthday*. East And West Library 1954, S. 26.

Der Mythos Einstein ist größer als Einstein selbst: Jürgen Neffe, *Einstein. Eine Biographie.* Rowohlt 2005, S. 85.

Viele Dinge, die über mich im Umlauf sind: Ralph Keyes: *The Quote Verifier*. St. Martins Griffin 2006, S. 51.

Die brieflichen Anfragen an Einstein: Abraham Pais: *Ich vertraue auf Intuition. Der andere Albert Einstein.* Spektrum Verlag 1998, S. 119 ff. (zitiert nach Neffe a. a. O., S. 412).

Bei Einstein steht der Satz höchstwahrscheinlich nicht: Jürgen Neffe, persönliche Mitteilung vom 28.11.2016; Alice Calaprice: *The New Quotable Einstein.* Princeton University Press 2005.

Den Hinweis auf Fritz Perls und die entsprechenden Stellen dort verdanke ich Garson O'Toole von quoteinvestigator.com.

Fritz Perls über Einstein und das Weltall: Frederick S. Perls: *Das Ich, der Hunger und die Aggression.* 3. unveränd. Auflage. Klett-Cotta 1985, S. 132 (im Original: *Ego, Hunger, and Aggression.* Durban 1942, S. 111).

F. Perls zum Zweiten: Frederick S. Perls: *Gestalt Therapy Verbatim.* Real People Press 1969, S. 33 *[Übersetzung von mir, MR].*

F. Perls zum Dritten: Frederick S. Perls: *In and Out the Garbage Pail.* The Gestalt Journal Press 1992 (n. d. Erstaufl. 1969), S. 52 *[Übersetzung von mir, MR].*

Es ist nicht die Weite des besternten Himmels: Im Original: »Ce n'est pas l'immensité de la vôute étoilée qui peut donner le plus complètement l'ideé de l'infini, mais bien la bêtise humaine!«) zitiert nach: quoteinvestigator. com/2010/05/04/universe-einstein.

Der Satz von Flaubert bei Maupassant: G. de Maupassant: *Des Vers.* G. Carpentier 1880, S. 9.

Einsteins letzte Worte: Neffe, a. a. O. S. 444.

Zur Methode

Die Auswahl

Die Auswahl der Sätze für dieses Buch folgte vor allem drei Kriterien: Es sollten möglichst bekannte Sätze sein; sie sollten von der Mehrheit einem bestimmten Urheber zugeordnet werden – sonst hätte es ja keinen Sinn, sie als »falsche Zitate« zu bezeichnen; und sie sollten auf die eine oder andere Weise »falsch« sein, also entweder falsch zugeschrieben, massiv verändert oder komplett erfunden. Um herauszufinden, wie bekannt die einzelnen Sätze sind, habe ich einen Fragebogen entworfen, den ich einige Monate lang an alle erreichbaren Freunde, Verwandten und Kollegen verteilt habe. Dort war für 35 geflügelte Sätze anzukreuzen, wie bekannt sie den Befragten waren und wer als Urheber des Satzes bekannt war oder vermutet wurde. Dabei zeigte sich eine große Bandbreite: So wurde etwa »Warum rülpset und furzet ihr nicht …« von der großen Mehrheit (64 %) tatsächlich Martin Luther zugeordnet; der Satz »Fußball ist wie Schach …« dagegen erbrachte neben der erwartbaren Antwort Podolski (13 %) Antworten wie Matthäus (9 %), Beckenbauer, Schweinsteiger, »ein Fußballer« oder sogar die korrekte Antwort Böhmermann (alle jeweils 4 %).

Der Wahrheitsgehalt

Die meisten »falschen Zitate« in diesem Buch sind Aussprüche, die irgendwann einem bekannten Urheber zugeordnet worden sind, von diesem aber weder gesagt noch geschrieben wurden. Die Angabe zum Wahrheitsgehalt bezeichnet die Wahrscheinlichkeit, mit der der betreffende Satz tatsächlich von dem vermeintlichen Urheber stammt. »Wahrheitsgehalt: 0 Prozent«, etwa bei »No sports!« bedeutet also, dass Churchill den Satz mit Sicherheit nicht gesagt hat.

Dabei ist es zugegebenermaßen theoretisch kaum möglich, mit absoluter Sicherheit nachzuweisen, dass jemand etwas nicht gesagt hat. Archivare, Historiker, Germanisten etc., die sich von Berufs wegen mit Texten und Materialien beschäftigen, sind in dieser Hinsicht immer sehr zurückhaltend; die übliche Formulierung lautet meist, das betreffende Zitat sei »bisher nicht nachweisbar« oder man könne es »in den uns zur Verfügung stehenden Datenbanken nicht finden«. Diese Zurückhaltung ist aus beruflicher Perspektive verständlich, aber auch ein bisschen lebensfremd. Ob Luther oder Goethe, Einstein oder Churchill – die Werke der großen Geister sind in der Regel komplett erfasst und werden zunehmend digitalisiert, sodass man gezielt nach Stichworten suchen kann. Außerdem wird nach einigen der »bisher nicht nachweisbaren« Zitate bereits seit Jahrzehnten gesucht, ohne Ergebnis.

Und wenn, wie bei dem Satz vom Apfelbäumchen (»Auch wenn ich wüsste, dass morgen die Welt untergeht ...«), 400 Jahre lang kein Mensch den angeblichen Luther-Satz kannte (der bei Luther auch nirgendwo steht), bis er im 20. Jahrhundert plötzlich auftaucht – dann ist das der Beweis, dass er eben nicht von Luther ist.

Dann gibt es noch die Fälle, in denen der Urheber der Zuschreibung dingfest gemacht werden kann, wie bei Goethes »Sammler«-Satz oder Einsteins »Bienen«-Satz. Hier gilt, jedenfalls bis zum Auftauchen eines noch früheren oder stärkeren Belegs: Der Betreffende war es wohl gewesen.

Die anderen Prozentsätze sind ein Stück weit subjektiv, so etwa bei Goethes »Mehr Licht!«. Dort, wo der Wahrheitsgehalt von 0 abweicht, lege ich jeweils die Argumente offen, die mich zu der Einschätzung geführt haben; das steht jeweils an erster Stelle bei den Anmerkungen.

Der Kreativitätsgrad

Der Kreativitätsgrad würdigt die Leistung der »unsichtbaren Hand« bei der Entstehung der falschen Zitate. Er gibt vor allem an, wie originell und aussagekräftig der jeweilige Satz ist; daneben spielt eine Rolle, wie treffend die Zuschreibung zu dem vermeintlichen Urheber ist.

1 Stern (*) – Das Zitat wurde nur minimal und auf wenig kreative Weise verändert und stammt zudem tatsächlich vom vermeintlichen Urheber. Beispiele: »Ich habe nichts zu bieten als Blut, Schweiß und Tränen«, »Jetzt wächst zusammen, was zusammengehört«.

2 Sterne (**) – Das Zitat wurde auf vielfältige Weise verändert, hat seine Kernaussage aber immer beibehalten, während der Urheber keine große Rolle spielt. Beispiel: »Der Flügelschlag eines Schmetterlings«.

3 Sterne (***) – Das Zitat wurde einem falschen Urheber zugeschrieben, zu dem es gut passt; es ist aber nur mäßig originell, weil der Satz vorher schon existierte. Beispiele: »Die Garde stirbt«, »Hier stehe ich«, »Stell dir vor, es ist Krieg«.

4 Sterne (****) – Das Zitat ist komplett erfunden und besteht aus einem starken, originellen Satz, der zudem einem falschen Urheber zugeschrieben wurde, zu dem er hervorragend passt. Beispiele: »Meine Damen und Herren«, »No sports!«, »Warum rülpset und furzet ihr nicht«.

5 Sterne (*****) – Wie vier Sterne, nur noch geistreicher und treffender oder auf eine Weise zum falschen Urheber passend, dass dessen Persönlichkeit auf originelle Weise beleuchtet wird. Beispiele: »Auch wenn ich wüsste, dass morgen die Welt untergeht«, »Fußball ist wie Schach«, »Wenn die Bienen verschwinden«.

Zum Autor

Martin Rasper kennt sich mit komplexen Fakten aus: Er ist studierter Geologe, aber hauptberuflicher Journalist, hatte einen aus Schlesien stammenden Vater und eine von Kaukasus-Schwaben abstammende Mutter, ist in Brüssel geboren und im Taunus aufgewachsen, hat in München und Berlin studiert, in der Oberpfalz und der Türkei gearbeitet und zeitweise in Costa Rica gelebt.

Seine wahre Heimat aber war immer die Sprache. Ursprünglich für ihn vor allem ein Mittel, die Welt zu begreifen und sie sich schreibend anzueignen, hat sie sich über die Jahre zu einer Vertrauten und schließlich zu einer Art Landschaft gewandelt, in der er immer wieder auf die Erkenntnis stößt, dass auch Fakten nur halb so interessant sind ohne die dazugehörigen Geschichten. Er schreibt Bücher und Artikel für Zeitungen und Magazine; ob Porträt, Reportage, Interview, Essay oder Feature – er hat alle journalistischen Formen praktiziert. Für sein Buch über die falschen Zitate hat er jahrelang Material gesammelt und Spuren verfolgt, hat mit Experten gesprochen und in Bibliotheken gewühlt.

Martin Rasper freut sich über Korrekturen, Anregungen und Hinweise zu falschen Zitaten unter: nosports@posteo.de.